LA VERDAD NUNCA ES VANA

Stefan Zweig

LA VERDAD NUNCA ES VANA

Aforismos

Introducción, selección y traducción
de Joan Parra

ALFABETO

Primera edición en esta colección:
enero de 2024

© de la introducción, la selección y la traducción, Joan Parra, 2024
© de la presente edición: Editorial Alfabeto, 2024

Editorial Alfabeto S.L.
Madrid
www.editorialalfabeto.com

Depósito legal: M-34300-2023
ISBN: 978-84-17951-44-3
IBIC: GBCQ

Printed in Spain — Impreso en España

Ilustración de portada: Alba Ibarz
Diseño de colección: Ariadna Oliver
Diseño de interiores y fotocomposición: Grafime S.L.

El papel que se ha utilizado para imprimir este libro proviene
de explotaciones forestales controladas, donde se respetan
los valores ecológicos, sociales y el desarrollo sostenible del bosque.

Impresión: Sagrafic

ÍNDICE

INTRODUCCIÓN

I. PROPÓSITO

Este libro no pretende ser una destilación representativa de la obra de Zweig ni una colección de píldoras de su pensamiento, aunque quien lo lea podrá hacerse una idea cabal de su constitución intelectual, artística y moral, así como de algunos rasgos importantes de su estilo.

Sin embargo, no es ese el propósito de este libro. Lo que me he propuesto es llevar a cabo un ejercicio literario con las herramientas de que dispone el antólogo y el traductor. Seleccionar es manipular; traducir, también, como sabían Lefevere y Toury. Zweig cultivó numerosos géneros literarios, pero no escribió aforismos. Pese a ello, muchos pasajes de su obra reúnen las condiciones para ser considerados como tales. Y este libro intenta imaginarse cómo serían esos pasajes si Zweig hubiera querido formularlos como aforismos.

Por supuesto, no se trata de distorsionar el programa literario de Zweig ni de desfigurar sus resultados. Todo lo que puede leerse aquí lo escribió Zweig, pero ha sido descontextualizado, adaptado y reordenado con arreglo a nuevos criterios. Existen traducciones al español, antiguas y modernas, de la mayoría de las obras de Zweig. Quien quiera ver estos fragmentos en su contexto (animo a hacerlo) tiene, pues, adonde acudir.

II. LA SELECCIÓN

A mi entender, este ejercicio de manipulación ofrece algunos beneficios, y esa es quizá su única justificación. Al aislar estos fragmentos de la prosa de Zweig, queda más a la vista su belleza formal, la originalidad de las ideas que expresan y la fuerza con que interpelan a los lectores de nuestros días.

Pero además de esos criterios cualitativos, que, al fin y al cabo, responden únicamente a los gustos e intereses del antólogo, también se han hecho valer criterios objetivos y, por lo tanto, universales. Salvo contadas excepciones, los pasajes recogidos contienen siempre una sola idea principal, que se presenta de modo unas veces sintético y otras extenso, pero siempre encapsulado.

El segundo criterio, de orden formal, ha primado

la presencia de recursos retóricos como la antítesis, el oxímoron, la paradoja, el símil, el paralelismo, el asíndeton o la anáfora, todos ellos característicos del género del aforismo. Por supuesto, estas condiciones no se cumplen de manera homogénea en toda la obra de Zweig, sino principalmente en sus ensayos biográficos, memorias y diarios, lo que explica la escasa representación de su producción narrativa en esta selección, por lo demás arbitraria e incompleta.

III. LA TRADUCCIÓN

Este libro carece de ambición académica. Su propósito, como ya he mencionado, es de naturaleza puramente literaria e imaginativa. Nada más distinguidamente literario que la prosa de Zweig, que busca encajar un contenido rico en datos y figuras en un molde elegante y fluido. En Zweig (esto es un elogio), la mano del artesano se intuye siempre detrás de las volutas del gran estilo, para provecho del lector.

Emulando ese espíritu, esta traducción busca la legibilidad y el acomodo, y se complace en mantener la discreta suntuosidad *art déco* y el acento levemente altisonante de algún que otro pasaje.

Por otra parte *(caveat emptor)*, esta traducción

explota sin rodeos la plasticidad de la prosa de Zweig y recorta, pule y retoca cuando lo cree necesario. De este modo, para redondear algunos pasajes y revelar mejor su carácter aforístico, se han eliminado, añadido o modificado conjunciones, preposiciones, subordinaciones y otros elementos. El lector que desee consultar los pasajes en su contexto original puede utilizar el registro de fuentes que encontrará al final de esta obra.

IV. CONCLUSIÓN

Estas páginas no reflejan al hombre Zweig y, como ya he apuntado, tampoco al narrador ni al poeta. Pero, en alguna medida, sí constituyen una especie de biografía. Quien lea este libro de principio a fin descubrirá que los fragmentos están ordenados de modo cronológico y temático, a lo largo de un camino que parte de la niñez y llega a la muerte tras recorrer el mundo de los sentimientos, la personalidad, las ideas, la estética, la sociedad, la historia, la geografía y la política.

Esta selección manipuladora ha creado un nuevo texto con sus propias metas, su propia lógica y sus propias contradicciones. Y, al crear ese nuevo texto, ha dejado a la vista también a su autor, el oculto aforista Stefan Zweig, que difunde con sagacidad y empatía sus ideales y observaciones desde su atalaya de *Kulturmensch*, pero, a diferencia del Zweig narrador, no rebusca en la psicología del individuo, porque considera trivial todo aquello que no pueda universalizarse. Y esa es exactamente la actitud que lo habilita como aforista.

JOAN PARRA

Agradezco a Pere Roqué
su colaboración en este proyecto.

AFORISMOS

1

Nadie puede eliminar el aire de su época que incorporó a su sangre durante la infancia.

2

Todo niño lleva en sí el impulso instintivo de mirar hacia abajo, una renuencia a la cultura y a las costumbres que se le imponen, y se siente más a gusto con la gente desinhibida e iletrada que dentro del corsé de la educación; donde hay más libertad, más desenvoltura y menos coerción, su genuina anarquía puede desplegarse con más fuerza.

3

Ser joven significa estar esperando algo extraordinario, algo fantásticamente bello, más allá del estrecho mundo de los asuntos que abarca nuestra vista; significa estar esperando un fenómeno como el cumplimiento de una misión hasta entonces soñada.

4

En esas épocas receptivas en que las amistades se forman con facilidad y las diferencias sociales o políticas aún no se han encallecido, un joven aprende mejor lo esencial de los que bregan junto a él que de los que están por encima.

5

La sensualidad de los hombres no es como la de las mujeres. En ellos arde sordamente desde el principio, desde los años de la pubertad. En cambio, a algunas muchachas les llega envuelta en mil disfraces y figuras. Es un embelesamiento o un ensueño dichoso que se cuela de rondón, una mera forma de vanidad o goce estético que un día, de repente, se despoja de todas las máscaras y rasga todas las envolturas.

6

Por suerte, la desconfianza vital que con tanto dolor adquiere cada generación resulta incomprensible e inservible para la siguiente.

7

Si hoy tuviera que aconsejar a un joven escritor que aún no está seguro de su camino, intentaría persuadirlo de que primero se ponga al servicio de una obra más grande que la suya, en el papel de actor o traductor. Un escritor principiante encontrará más solidez en la abnegación de la servidumbre que en su propia obra, y nada que se haga con devoción es en vano.

8

Entre los jóvenes, el entusiasmo es una especie de síndrome infeccioso. Se propaga entre los miembros de una misma promoción con tanta presteza como el sarampión o la escarlatina.

9

La vida no tiene otra ley que la mezcla, y no tolera que nada quede fuera de su ciclo eterno: quien se niega a sumergirse en esa marea cálida muere de sed en la orilla; quien no participa está condenado a vivir eternamente al margen, en trágica soledad.

10

Para don Juan, el secreto está en todas y en ninguna, en cada una durante una noche y en ninguna para siempre.

11

Hay personas que no han nacido para amar, en las que solo florecen los escalofríos místicos de la espera, porque son demasiado débiles para soportar la dicha dolorosa de la consumación.

12

Igual que el cuerpo ansía alimento, el alma ansía placer. La libido, esa voluntad ancestral de placer, esa hambre insaciable, impulsa el alma hacia el mundo.

13

El cuerpo del ser humano aspira a desarrollarse tanto como la mente, y quien lo violenta acaba pagándolo caro. Cada órgano de un cuerpo terrenal desea instintivamente ejercer con plenitud la función que la naturaleza le ha encomendado. La sangre, de vez en cuando, quiere fluir con más vehemencia; el corazón, martillear con más ahínco; los pulmones quieren desgañitarse; los músculos, agitarse; el semen, derramarse, y quien, desde la mente, se empeñe en inhibir por sistema esa voluntad vital y refrenarla, verá cómo los órganos acaban rebelándose contra él.

14

Allí abajo, en el inconsciente, somos nuestra totalidad, el antes y el hoy, el ser primitivo y el civilizado, en una maraña de sentimientos confusos y restos arcaicos de un yo distinto, ligado a la naturaleza, mientras que arriba, bajo la luz clara y cortante, solo somos el yo consciente en el tiempo.

15

Quien se ha encontrado a sí mismo ya no puede perder nada.

16

Quien consigue ser sincero consigo mismo, aunque sea una sola vez, lo ha sido siempre. Y quien conoce su propio secreto conoce el de todos.

17

En algunas personalidades, los grandes acontecimientos y los sucesos extraordinarios no solo conmueven el alma, sino que además hacen resonar el bordón de fondo de un dolor oculto y una melancolía íntima, cuyo sonido adquiere entonces tal volumen y urgencia que todos los demás estados de ánimo se olvidan de sí mismos y se disuelven en él.

18

Todo sentimiento pleno puede llegar a ser productivo: la desvergüenza o la vergüenza, la falta de carácter o el carácter, la malicia o la bondad, la moralidad o la inmoralidad. Solo la intensidad eterniza, y, cuanto más fuerte, más vital, más uno y único es un ser humano, más plenamente se manifiesta. Para la posteridad, la moral no es nada y la intensidad lo es todo.

19

En el avaro, todas las gradaciones y peripecias del amor, los celos y el duelo, el agotamiento y el éxtasis, se encarnan en el ansia por ahorrar, y en el coleccionista, en el afán por coleccionar. Y es que toda plenitud absoluta contiene la suma de las posibilidades del sentimiento. La intensidad de la pasión obsesiva alberga en sus arrebatos todas las inflexiones del deseo no satisfecho.

20

En los sentimientos, la intensidad lo es todo; el contenido, nada.

21

El sentimiento siempre sabe más de una persona que todos los documentos.

22

A quien le ha tocado en suerte un corazón salvaje, de nada le sirve que el mundo exterior quiera brindarle felicidad y sosiego. Él mismo se crea siempre de manera compulsiva nuevas calamidades y peligros desde su propio interior.

23

Muchas veces, el temor a un acontecimiento es más insoportable que el acontecimiento en sí.

24

Aunque la vergüenza golpee a un solo punto, hasta el nervio más distante de la persona se estremece imperceptiblemente junto con ella. El roce más fugaz, el pensamiento más casual, renuevan y multiplican la agonía del avergonzado.

25

Toda materia lleva en su seno un cierto grado de tensión más allá del cual ya no es posible el incremento: el agua, su punto de ebullición; los metales, su punto de fusión. Y tampoco los elementos del alma escapan a esta ley inapelable. La alegría puede alcanzar un grado en el que el aumento ya no se percibe, y lo mismo ocurre con el dolor, la desesperación, el abatimiento, el asco y el miedo.

26

La vida no da nada gratis, y todos los dones que uno recibe del destino tienen un precio, aunque no esté a la vista.

27

Lo más sensato que puede hacer un hombre inteligente, pero no muy aguerrido, cuando se topa con otro más fuerte es evitarlo y esperar, sin avergonzarse, hasta que las cosas cambien y se despeje el camino.

28

Lo que llamo «demónico» es una inquietud inherente de manera primigenia y esencial a todo ser humano, que lo impulsa fuera de sí, más allá de sí, hacia lo infinito, hacia lo elemental, como si la naturaleza hubiera dejado en cada alma individual un rastro agitado e inalienable de su caos arcaico, que pugna por regresar con tensión y pasión a la esfera de lo sobrehumano y suprasensible.

29

Toda personalidad demónica ve la realidad como una despreciable insuficiencia.

30

Nada nos impide mejorar, pulir e incluso sacar filo a la forma que le ha sido dada a nuestra vida, y el fervor ético puede muy bien aumentar nuestro grado de decencia y moralidad gracias a un trabajo tenaz y consciente. Pero nada puede borrar sin más el diseño fundamental de nuestro carácter y reedificar nuestra carne y nuestro espíritu conforme a un orden arquitectónico distinto.

31

Para quien es capaz de perderlo todo, todo es ganancia.

32

Solo el desmembrado sabe del anhelo de plenitud. Solo el exasperado alcanza el infinito.

33

Nada pone mejor a prueba el carácter de una persona que la prueba de oro del éxito y la prueba de fuego de la adversidad.

34

La sombra también es hija de la luz, y solo quienes han pasado por la luz y la oscuridad, por la guerra y la paz, por el ascenso y la caída han vivido de verdad.

35

Tengo la certeza de que solo vive de veras quien vive su destino como un misterio.

36

Los grandes dones solo benefician a quien es digno de ellos; para todos los demás son un peligro. Los personajes fuertes se hacen más fuertes cuando adquieren poder de repente (pues el poder es su elemento natural), pero los débiles sucumben a la fortuna inmerecida.

37

Es estrecha la frontera que separa la estupidez de la temeridad, pues entre lo heroico y lo insensato no hay ninguna diferencia.

38

A veces, una persona aprende más en un solo día que en meses y años.

39

Lo que determina el valor de una idea no es nunca el modo en que se lleva a la práctica, sino la porción de realidad que contiene.

40

Toda idealización es siempre fruto de un maquillaje consciente o de una visión superficial y miope.

41

Las ideas se alimentan tanto de la aprobación como de la refutación.

42

Siempre me han interesado los monomaníacos de toda clase, los seres absortos en una sola idea, porque cuanto más se limita uno, más se acerca al infinito. Como las termitas, esa especie de disidentes del mundo se construyen, en su materia particular, una singular versión abreviada del mundo absolutamente única.

43

Los instintos siempre saben más que el pensamiento consciente.

44

El hombre sencillo conoce la paz porque no se deja llevar por las ideas. En cierto sentido, las ideas son el enemigo de la vida, aunque también son su máxima expresión.

45

¡Qué pocas personas en la política, en la ciencia, en el arte, en la filosofía, qué pocas, incluso entre las más valientes, tienen el coraje de admitir claramente que sus opiniones de ayer eran un error y un disparate!

46

Es más fácil ser justo en la suerte que en la desgracia.

47

Igual que no somos conscientes de aspirar oxígeno con cada bocanada de aire y de que ese alimento invisible revitaliza mágicamente nuestra sangre por obra de la química, tampoco nos damos cuenta de que al leer absorbemos incesantemente materia mental a través de los ojos y así revitalizamos o fatigamos el organismo de nuestra mente. Para nosotros, hijos y nietos de siglos de escritura, la lectura se ha convertido casi en una función orgánica, en un automatismo.

48

Nuestra memoria no es en absoluto un registro ordenado burocráticamente donde se archivan todos los hechos de nuestra vida en un texto definitivo, históricamente fiable e inamovible, en un acta tras otra. Lo que llamamos «memoria» está sumergido en la corriente de nuestra sangre y bañado por sus ondas; es un órgano vivo, sujeto a toda clase de cambios y recambios, nada parecido a un congelador, a un inalterable aparato de conservación capaz de mantener cada sentimiento antiguo con su esencia natural, su fragancia original y su forma históricamente veraz.

49

El psicólogo sufre el doble que los demás porque experimenta su sufrimiento dos veces: una en la realidad y otra al estudiarse a sí mismo.

50

La buena salud heredada y nunca perturbada se solaza en su embotamiento y en su inopia. No quiere nada, no pide nada, y por eso no existe la psicología de lo sano. Todo saber proviene del sufrimiento.

51

Quien siente con intensidad observa poco: todas las personas felices son malas psicólogas.

52

Nuestra memoria es sobornable, se deja persuadir por los deseos, y la voluntad de alejar de la mente lo que nos es hostil ejerce su poder de manera lenta pero, al cabo, efectiva.

53

Nuestro entendimiento solo se expande al contacto con lo insólito, y nuestro sentimiento solo crece ante el escalofrío de una nueva fuerza.

54

Al final, todo mecanismo indaga la ley última de su movimiento, toda singularidad se afana por regresar a la unidad, toda racionalidad desemboca siempre en irracionalidad.

55

No hay nada más difícil que olvidar lo que ya se sabe, degradarse de manera postiza de la sagacidad a la credulidad.

56

Pese a todas las gimnasias intelectuales, jamás nadie logrará ascender siquiera un peldaño en la escala de la inteligencia y acceder a un nivel de conocimiento superior. Del mismo modo, tampoco el intelecto es capaz de retroceder siquiera un solo peldaño hacia la simplicidad por medio de un repentino acto voluntario.

57

Cuando se quiere creer, no hay nada más fácil que creer. Cuando se quiere ver, no hay nada más sencillo que ver.

58

El sabio no se queja, el juicioso no se altera: mira con ojos acerados y labio desdeñoso este insensato trasiego y, con el *guarda e passa!* de Dante, sigue su camino con perseverancia.

59

Uno de los rasgos más singulares de las personalidades histéricas o con tintes histéricos es su capacidad para mentir asombrosamente bien, pero no solo a los demás, sino también a sí mismas. Lo que quieren que sea verdad se convierte para ellas en verdad, y, por lo tanto, mienten de la manera más peligrosa: con absoluta sinceridad.

60

Alguien que duerme siempre resulta conmovedor o levemente ridículo para los demás por ese desvalimiento de no saber de sí.

61

Para comprenderse a sí mismo no basta con contemplarse. No ve el mundo quien solo mira su propio ombligo.

62

En el arte, lo más obvio es lo que siempre resulta más difícil, y lo que parece fácil se convierte en la tarea más ímproba: de todas las criaturas de su época y de todas las épocas, la que el artista necesita más imperiosamente plasmar con veracidad es su propio yo.

63

El talento siempre se limita a jugar, mientras que el genio se lo toma todo grandiosamente en serio, y no se contenta con papeles episódicos: su creatividad reclama el mundo entero como escenario.

64

El arte, impaciente y celoso como todo lo divino, se venga de quien lo niega. Cuando se lo obliga a servir, a subordinarse a una potencia supuestamente más elevada, se aparta impetuosamente de su dueño. Cuando Tolstoi se vuelve doctrinario, la sensualidad elemental de sus personajes se debilita y palidece de inmediato; todo se empaña en la luz gris y fría de la razón, topamos y tropezamos con prolijidades lógicas y ya solo avanzamos a tientas y trabajosamente hacia la salida.

65

El verdadero arte es egoísta, no quiere nada más que a sí mismo y su culminación. Un artista genuino solo debe pensar en su obra, no en la humanidad a que la destina.

66

Al artista, cuando no logra resolver una dicotomía, siempre le queda un recurso: puede arrojar su
angustia fuera de sí mismo, hacia la humanidad, y
transformar una inquietud de su alma en una inquietud del mundo.

67

Solo el artista, al plasmarse a sí mismo, hace comprensible el alma de la humanidad en el orden terrenal.

68

Todo gran creador es una unidad que encierra sus
límites y su peso en unos confines propios: no existe
un peso absoluto en la balanza de la ecuanimidad,
sino solo un peso específico dentro de la obra.

69

No hay nada tan majestuoso como un caos que en
realidad es un orden cuidadosamente estudiado,

como la escena de una multitud agitada en un teatro donde el más mínimo movimiento o gesto ha sido dispuesto de forma absolutamente intencionada por la mano invisible del director.

70

Solo es trágica la fuerza que no alcanza su objetivo.

71

No hay que interrogar a las grandes obras de arte solo por su intensidad, solo por la persona que estuvo detrás de ellas, sino también por su extensidad, por su efecto sobre las multitudes.

72

No hay gran arte sin inspiración, y toda inspiración, a su vez, brota de un más allá inconsciente, de un saber que está por encima de la vigilia.

73

La palabra «patológico» solo puede aplicarse a lo improductivo, al mundo inferior, puesto que una enfermedad que crea algo valioso ya no es enfermedad, sino una forma de exceso de salud, una salud superior.

74

El arte no conoce momento más bello que cuando logra mostrar la perfección en lo desmesurado, en ese segundo de sonido esférico en el que la disonancia, durante un pestañeo, se resuelve en prístina armonía: cuanto más terrible es la discordancia, más feroz es el desmoronamiento y más estruendosa la consonancia de las olas al chocar entre sí.

75

La rosa solo es realmente rosa cuando una mirada se embebe en su contemplación, y el resplandor del atardecer solo es sublime cuando brilla en la retina de un ojo humano.

76

Nada priva más fatalmente de efectividad a cualquier idea creativa que la exageración de sus cualidades.

77

Siempre hay algo de tragedia intelectual cuando un hallazgo es más genial que su descubridor, cuando un artista o un investigador concibe una idea que le resulta inconcebible y esta se le escapa de las manos a medio formar.

78

Lo claro y evidente se explica solo, pero lo misterioso tiene un efecto creativo.

79

Hasta los tiempos de Beethoven, los músicos, incluso los más excelsos, formaban parte de la servidumbre de palacio. Aun siendo ya célebres en toda Europa, Wolfgang Amadeus Mozart y el viejo

Haydn, ya canoso, no comían en los salones con la nobleza y los príncipes, sino en una mesa sin mantel con los mozos de cuadra y las sirvientas.

80

Nada es más imposible de representar que el tedio, nada más difícil de plasmar que la monotonía.

81

Ningún artista es artista sin interrupción durante las veinticuatro horas de su jornada diaria; todo lo esencial, todo lo perdurable de su obra surge solo en escasos y raros momentos de inspiración.

82

No existe la «afortunada elección del tema» para el dramaturgo, ni el músico «encuentra» una melodía primorosa: la llevan dentro.

83

Nunca tendré la osadía de afirmar que he visto realmente el Hermitage: solo he estado en todas sus salas.

84

Quien describe su vida vive para todas las personas; quien da expresión a su época vive para todas las épocas.

85

Vuelvo a escuchar al Cuarteto Rosé. Y en medio de una preciosa obra tardía (el *adagio* del Opus 125) oigo el susurro de un pensamiento íntimo: ¿cómo puede ser que en un mundo donde existe algo tan hermoso, la gente se esté lanzando obuses en este mismo momento? Es una pregunta para la que no tengo respuesta y, sin embargo, para mí, mientras escucho estas notas celestiales, resulta más incomprensible que la propia muerte.

86

Mientras hablábamos, se me ocurrió que en la música, como en la literatura, la inteligencia desempeña un papel cada vez más central. Ya no existe ninguna obra en la que no intervenga el intelecto, el espíritu que le da forma. No se trata de una cuestión de «formación»: al contrario, estamos de acuerdo en que todo artista debería cursar hasta los quince años una formación técnica, mucho más importante que el bachillerato.

87

El arte, eternamente uno, mantiene unidas muchas cosas, y todo lo que conforma permanece siempre cercano y presente. Donde actúa el arte, ni siquiera lo muerto desaparece del todo. Gracias al arte, ni los sueños ni los deseos se marchitan.

88

Paradoja irresoluble: las personas de acción y los gozadores de la vida tienen más experiencias que ningún escritor, pero son incapaces de relatarlas. Los creadores, en cambio, se ven obligados a inventar, porque no suelen tener muchas experiencias que contar. Pocos escritores tienen biografía, y pocas personas con biografía tienen la capacidad de escribirla.

89

Nada es más peligroso para la carrera de un escritor que la satisfacción y el camino llano.

90

El escritor creador de mundo, vuelto hacia el mundo, al que en términos psicológicos llamaríamos «extrovertido», disuelve su yo en la objetividad de la representación hasta el punto de hacerlo indetectable (el más perfecto ejemplo es Shakespeare, convertido humanamente en mito), mientras que el escritor de ánimo subjetivo, el introvertido, vuelto hacia sí mismo, hace desembocar el mundo entero en su yo y se convierte, ante todo, en artífice de su propia vida.

91

Un novelista, en su última y más elevada acepción, es un genio enciclopédico, un artista universal que construye todo un cosmos, que erige en paralelo al mundo terrenal su propio mundo, con sus propios tipos, su propia ley de la gravedad y su propio cielo estrellado.

92

En el poeta, la obtusa humanidad experimenta simbólicamente lo divino: en su palabra goza del cuerpo y la sangre del infinito igual que en el misterio del cáliz y la hostia.

93

Lo verdaderamente trágico nunca es teatral.

94

La vida siempre demuestra ser más fantasiosa que cualquier novela.

95

El poeta sabe que toda verdad es solo verdad a medias mientras permanezca atrapada en la palabra. La verdadera idea solo cobra vida en los hechos, y la fe solo cuando se convierte en credo.

96

Las ideas y las teorías, como las sombras del Hades homérico, no son más que conceptos vagos, centelleos de espejo carentes de forma. Solo adquieren voz y figura y hablan a la humanidad cuando han bebido la sangre de un ser humano.

97

Los escritores son profesionales de la exageración.

98

En poesía, la riqueza de formas por sí sola no garantiza la excelencia. Lo que hace al poeta verdaderamente universal es solo su omnipresencia en cada obra, el auténtico milagro de que cada forma y cada enunciado, dentro de su diversidad, lleven la marca invisible de lo uno y lo nuevo, y así, en transmisión y herencia místicas, una misma sangre penetre hasta en la última vena de su verso.

99

En Homero, en plena batalla, en medio de la más sangrienta matanza, aparecen de repente unas cuantas líneas de descripción, e inhalamos el viento salino del mar, la luz plateada de Grecia resplandece por encima del desolladero, el alma contempla venturosa el fragor de la batalla de los hombres como un desvarío minúsculo y nimio contra lo eterno de las cosas. Y respiramos aliviados, redimidos de la estolidez humana.

100

No es el volumen ni el peso lo que hace perdurable una obra de arte. Igual que en la política un solo lema o una broma letal pueden ser más eficaces que un discurso digno de Demóstenes, en el ámbito de la literatura los pequeños formatos suelen sobrevivir a los grandes mamotretos. De los ciento ochenta tomos de Voltaire, solo han quedado las ácidas y escuetas páginas del *Candide*; de los innumerables tomos del grafómano Erasmo, solo queda ese fruto casual de un alegre capricho, solo el fulgurante juego mental del *Laus stultitiae*.

101

Rara vez los dioses conceden a los mortales más que una sola hazaña inmortal.

102

El arte nunca acaba, solo vuelve a empezar.

103

Los famosos, cuando hablan de sí mismos, suelen titubear, porque su visión de su propia vida se confronta con otra que ya existe previamente en la imaginación o en la experiencia de innumerables personas. Así que, mal que les pese, se ven obligados a modular su autodescripción para que encaje en la leyenda ya cristalizada.

104

En estado normal, el nombre de una persona viene a ser como la vitola de un habano: una etiqueta, un objeto externo, poco menos que trivial, vagamente conectado con el sujeto real, el yo verdadero. Pero, cuando se produce el éxito, el nombre, por así decirlo, se hincha. Se desprende de la persona y se erige por sí solo en un poder, una fuerza, una cosa en sí, un artículo de comercio, un capital, a la vez que, por dentro, se convierte, con un violento reflujo, en una fuerza que empieza a condicionar, a dominar, a transformar a la persona que lo lleva.

105

Las mujeres viven hacia atrás y nosotros hacia delante. Por eso ellas, casi siempre, tienen mejor memoria.

106

No es milagroso, sino totalmente lógico y natural, que la última cura descubierta siempre logre éxitos inesperados, ya que, al ser todavía desconocida, cuenta con la ayuda de las esperanzas de la gente.

107

En cuanto el conocimiento avanza una mera pulgada en algún lugar, la humanidad, en su ilusionada avidez, cree encontrar la clave de todo el universo en ese único descubrimiento.

108

No es tarea de la ciencia arrullar el eterno corazón infantil de la humanidad con nuevos ensueños apaciguadores; su vocación es enseñar a los humanos a caminar recta y honradamente sobre la áspera tierra.

109

A menudo toda una generación debe su libertad exterior a la libertad interior de una sola persona.

110

Paradójicamente, al mismo tiempo que nuestro mundo se desplomaba en lo moral hasta retroceder un milenio, he visto a la humanidad encadenar proezas técnicas e intelectuales inimaginables, superando en apenas un batir de alas todo lo logrado en millones de años: la dominación del éter por el aeroplano, la transmisión de la palabra humana en un segundo por todo el globo y, en su estela, la conquista del espacio, la división del átomo, la derrota de las enfermedades más insidiosas, la materialización casi diaria de lo que ayer era imposible. Nunca hasta ahora la humanidad en su conjunto se había comportado de forma tan diabólica y nunca había logrado acercarse tanto a lo divino.

111

La invención del ferrocarril no ha cambiado en nada la hechura espiritual de la humanidad: ¿acaso los trenes no llevan cada año a la gruta de Lourdes a cientos de miles de peregrinos que esperan curarse por un milagro?

112

¿Qué significa la cultura sino halagar la materia grosera de la vida para hacerle segregar lo más fino, lo más delicado, lo más sutil a través del arte y el amor?

113

Calificar como juego al ajedrez es incurrir en un injurioso reduccionismo. ¿No es también una ciencia, un arte o algo que flota entre esas categorías como el ataúd de Mahoma entre el cielo y la tierra, una amalgama única de todos los pares de opuestos, ancestral y sin embargo eternamente nuevo, mecánico en su diseño pero necesitado de la imaginación para actuar, confinado a un espacio geométricamente rígido y sin embargo ilimitado en sus combinaciones, en constante evolución y sin embargo estéril, un pensamiento que no conduce a nada, una matemática que no calcula nada, un arte sin obras, una arquitectura sin sustancia y, a pesar de ello, demostrablemente más duradera en su ser y existir que todos los libros y obras, el único juego que pertenece a todos los pueblos y a todas las épocas y del que nadie sabe qué dios lo trajo a la tierra para matar el aburrimiento, aguzar los sentidos, extender el alma?

114

La experiencia demuestra que es mil veces más fácil reconstruir los hechos de una época que su atmósfera espiritual.

115

Para mí nunca ha perdido validez el axioma de Emerson según el cual un puñado de buenos libros vale tanto como la mejor universidad, y sigo convencido de que se puede llegar a ser un excelente filósofo, historiador, filólogo, abogado o cualquier otra cosa sin haber pisado nunca una universidad ni haber cursado siquiera el bachillerato.

116

Ningún carterista sensato se atreve a trabajar más que con un número muy reducido de víctimas, e, incluso con ellas, la operación suele fracasar en el último minuto porque son demasiados los factores que tienen que conjugarse para que salga bien.

117

El hombre más fuerte es siempre el hombre de una sola idea. Toda la fuerza, energía, voluntad, inteligencia y tensión nerviosa que acumula las proyecta únicamente en esa dirección, y genera así un empuje al que el mundo raramente es capaz de resistirse.

118

Ninguna fuerza capaz de generar un movimiento psicológico de masas se pierde por completo en nuestro universo intelectual; ningún pensamiento de la humanidad, por opuesto que sea a la razón, pierde para siempre su capacidad creativa.

119

También la sinrazón promueve el progreso, gracias a su radicalismo. Verdadera o falsa, acertada o errónea, toda creencia que alguien haya impuesto en su día a la humanidad por la fuerza de su personalidad ensancha las fronteras y desplaza las lindes de nuestro mundo intelectual.

120

Al mirar hacia atrás, las ideas decisivas siempre nos parecen simples y evidentes.

121

Hace tiempo que sabemos que todo don Quijote del absoluto lleva dentro un necio y un charlatán, y que detrás de él siempre trota el eterno Sancho Panza, la encarnación de la sensatez banal, a lomos de su dócil borrico.

122

Por desgracia, lo que determina el efecto inmediato de una doctrina es su alta tensión psicotécnica y no su calidad intelectual. Del mismo modo que no hace falta un diamante para hipnotizar (basta una astilla de cristal reluciente para la sugestión completa), los movimientos ideológicos de masas pueden prescindir de la verdad y la sensatez, pues les sobra con su instinto, quizá primitivo pero siempre intuitivo.

123

A medida que se ensancha, el mundo demanda cada vez más la abreviatura, la condensación.

124

Hay quien, al no poder doblegar la terquedad de su propio espíritu, se propone persuadir a los demás, e, incapaz de cambiarse a sí mismo, intenta cambiar al género humano.

125

Todo consagrado es un condenado.

126

Siempre y en toda época habrá quien busque la santidad, porque el sentimiento religioso de la humanidad demanda y genera una y otra vez esa forma suprema de espiritualidad; sin embargo, el modo de plasmarla tendrá que variar exteriormente con el cambio de los tiempos.

127

El momento más misterioso de un ser humano
es cuando se hace consciente de su personalidad,
el más misterioso en el ámbito de la humanidad
es el nacimiento de sus religiones.

128

Solo el sufrimiento ha dado a la humanidad el sentimiento de la religión, la idea de Dios.

129

Igual que el rayo no se precipita sin más desde la
nube, sino que exige la presencia de una determinada carga y polarización en la atmósfera, así el milagro, para obrarse, requiere una predisposición
especial, un estado de alma inflamado de ansiedad
religiosa: nunca le ocurre un milagro a nadie que
no lo haya estado esperando fervorosamente durante largo tiempo.

130

Para aquella época, la moral y su apariencia eran más importantes que lo humano y su esencia.

131

Donde el Estado domina a sus ciudadanos por el terror, florece la planta nauseabunda de la delación voluntaria. Allí donde se permite e incluso se fomenta de manera sistemática la denuncia, hasta las personas honradas se convierten en delatoras por miedo.

132

Toda vida se funda en última instancia en la conciliación, en la concesión (algo que Goethe, que tan sabiamente replicó la esencia de la naturaleza en su persona, supo y emuló desde muy pronto). Para mantener el equilibrio, la vida, igual que el ser humano, necesita términos medios, concesiones, compromisos y pactos. Y quien, por un anhelo antinatural y antropomórfico, se empeñe en vivir en este mundo sin compartir superficialidades, avenencias, concesiones; quien quiera desprenderse por la fuerza de la red de vínculos y acuerdos convencionales tejida durante milenios, entra sin buscarlo en un antagonismo mortal con la sociedad y la naturaleza.

133

Quien iza la bandera de la tolerancia en la atalaya de la cultura pierde la prerrogativa de inmiscuirse en la moralidad del individuo.

134

Es más hermoso entender a una persona que juzgarla.

135

Quien hace la primera concesión ya no puede parar. Los compromisos conducen forzosamente a más compromisos.

136

Nunca se repite demasiadas veces lo importante, y la verdad nunca es vana.

137

Eterna contraposición entre lo humano y lo doctrinario, entre la persona serena que no quiere afirmar nada más que su propia opinión y los empecinados que no soportan que el mundo se niegue a convertirse en seguidor y admirador suyo.

138

Igual que un músculo no puede permanecer siempre en tensión extrema, igual que una pasión no puede estar siempre encendida, tampoco las dictaduras ideológicas logran preservar para siempre su implacable radicalismo: normalmente es una sola generación la que tiene que soportar el tormento de su opresión.

139

Siempre he visto que las personas más valientes en la adversidad y el peligro son aquellas que, mientras podían, disfrutaban libre y honestamente de la vida. Del mismo modo, los mejores combatientes siempre son las naciones y las personas que no luchan por afán militarista, sino porque no les queda más remedio.

140

Lo retrógrado y reaccionario nunca puede llegar a ser creativo, ni siquiera en su forma religiosa más sublime o animado por el propósito más noble.

141

La pasión puede lograr grandes cosas. Puede despertar en una persona energías indecibles, sobrehumanas. Con su presión irresistible, puede liberar fuerzas titánicas incluso en el alma más plácida y llevarla más allá de todas las normas y formas de moralidad hasta el extremo del crimen. Pero, por su propia naturaleza, se desploma agotada tras esos arrebatos. Y esa es la diferencia esencial entre el asesino pasional y el verdadero asesino, el nato, el habitual. El criminal que actúa de manera puntual, por arrebato, solo suele dar la talla al ejecutar el crimen, no al afrontar sus consecuencias. En cambio, el criminal frío, sobrio y calculador planta cara impertérrito a fiscales y jueces.

142

No se puede imponer ningún orden moral mediante la violencia, ya que toda violencia engendra inevitablemente nueva violencia.

143

Quien vive para su época muere con ella. Y quien preserva en su interior su verdadera naturaleza permanece.

144

Balzac muestra que todo el mundo tiene su Rubicón y su Waterloo. En los palacios, en las chozas y en las tabernas se libran las mismas batallas, y, debajo de sus vestiduras rasgadas, los sacerdotes, los médicos, los soldados y los abogados albergan los mismos instintos.

145

No hay nada más aburrido que el ladrón de poca monta, el infeliz que hace desaparecer en la manga una barra de pan del mostrador del panadero. Lo épico es el gran ladrón, el profesional que roba no solo por conveniencia, sino por pasión, que pone su existencia entera al servicio de la rapiña.

146

Solo el superviviente tiene razón.

147

La tradición es una frontera hecha de pasado petrificado que circunda el presente: quien quiera entrar en el futuro debe franquearla. Y es que la naturaleza no admite pausas en el conocimiento. Aunque parezca exigir orden, sus elegidos son quienes lo destruyen para crear uno nuevo.

148

La humanidad nunca se ha atrevido a pensar hasta el final la idea atroz de que la enfermedad, cuando se abate sobre ella, incendiando el cuerpo en repentina fiebre o traspasando las entrañas con el cuchillo incandescente del dolor, lo hace sin fin ni propósito alguno, y de que, por lo tanto, el sufrimiento carece por completo de sentido, lo cual, por sí solo, bastaría para echar abajo el orden moral del mundo.

149

La medida más certera de una fuerza es la resistencia que vence.

150

Arriar las velas no conjura la tormenta. El vendaval seguirá rugiendo con la misma violencia hasta agotarse y amainar.

151

El destino da más a los insolentes que a los laborio-
sos y a los bruscos que a los pacientes.

152

Los que viven de espaldas a su época suelen ser los
protagonistas de la próxima época.

153

Toda crisis es un regalo del destino a la persona
creativa.

154

Las ideas más trascendentales de la humanidad na-
cieron en el exilio. Los creadores de las grandes religiones, Moisés, Cristo, Mahoma, Buda, todos ellos
tuvieron que pasar primero por el silencio del de-
sierto, por el extrañamiento, antes de encontrar las
palabras decisivas. La ceguera de Milton, la sordera
de Beethoven, el penal de Dostoyevski, la mazmo-
rra de Cervantes, el confinamiento de Lutero en el

Wartburg, el exilio de Dante y el destierro elegido de Nietzsche a la gélida Engadina fueron exigencias secretas de su propio genio en contra de la voluntad consciente.

155

Y una vez más se repite la vieja constatación de que todo lo decisivo casi siempre se logra en secreto.

156

El inmenso poder del dinero, poderoso cuando está y aún más poderoso cuando falta, la divina libertad que es capaz de conceder y su diabólico escarnio cuando obliga a renunciar.

157

No se puede ser libre si se está endeudado o encadenado, y el Estado, la comunidad y la familia nos encadenan. El pensamiento está subordinado al idioma que hablamos; el ser humano aislado, completamente libre, es una quimera. Es imposible vivir en el vacío. Conscientes o inconscientes, la educación nos hace esclavos de la costumbre, la religión y las opiniones; respiramos el aire de nuestra época.

158

Las cosas no tienen su propio peso, sino el que nosotros les damos. Siempre nos interesa más lo cercano que lo lejano, y cuanto más mediocre es el terreno que pisamos, más nos interesamos por mediocridades.

159

El destino tiene tendencia a moldear las vidas de los grandes en formas trágicas. Prueba sus fuerzas sobre los más fuertes, contrapone a sus planes el absurdo de las realidades, entreteje sus años con enigmáticas alegorías, les pone obstáculos en el camino para reafirmarlos en la elección correcta. Juega con ellos, pero es un juego sublime, pues la experiencia es siempre ganancia.

160

Para una persona de espíritu, no puede haber nada más venturoso que verse apartada de la vida pública y de la política.

161

Sé que es ridículo rebelarse contra estas aparentes minucias, pero es en los pequeños detalles donde mejor se perciben los grandes fenómenos, del mismo modo que un cazador, un agricultor o un pescador pueden reconocer una tormenta que se avecina por el vuelo bajo e inquieto de las aves.

162

Los primeros que dieron la vuelta al mundo no fueron los tranquilos estudiosos ni los geógrafos domésticos, sino los proscritos que cruzaron océanos desconocidos en busca de las nuevas Indias; ni han sido los psicólogos o los científicos los que han sondeado las profundidades del alma moderna, sino los poetas más intemperantes, los cruzadores de fronteras.

163

Pasar siempre a toda prisa por delante de lo bochornoso, apartando la mirada, fingiendo siempre que no había nada que ver: esa fue toda la ley moral del siglo xix.

164

Cuando la realidad concibe una idea sublime y, además, tiene el día poético, supera en imaginación y en enrevesamiento al poeta más imaginativo.

165

Hay una ley incontestable de la historia: niega justamente a los contemporáneos la capacidad de percibir desde el inicio los grandes movimientos que definen su época.

166

El destino siempre sabe encontrar la forma de atraer a la persona que necesita para alcanzar sus propósitos secretos, aunque quiera esconderse.

167

Cuanto más amo a un personaje, más venero su época.

168

Por desgracia, la historia del mundo no es solo una historia del valor humano, como suele relatarse, sino también una historia de la cobardía humana, y la política, por más que se pretenda lo contrario, no es liderazgo de la opinión pública, sino acatamiento servil de los líderes ante un tribunal que ellos mismos han creado y modelado.

169

Los partidarios de un entendimiento futuro de toda la humanidad deben ser abnegadamente conscientes de que, una y otra vez, a lo largo del tiempo, un torrente de fanatismo, acumulado en las fosas abisales de los instintos humanos, se desbordará y romperá todos los diques: casi cada nueva generación experimenta un revés de este tipo, y su tarea moral consiste en sobrevivirlo sin perder el temple interior.

170

La historia es injusta con los vencidos. No tiene predilección por los moderados, mediadores y reconciliadores ni por los defensores de la humanidad. Sus favoritos son los entusiastas, los acalorados, los aventureros sin freno del pensamiento y la acción.

171

Pese a las fantasías de tantos libros y testimonios, no hay nada menos romántico y conmovedor que una ejecución. La muerte por el hacha del verdugo siempre es una monstruosa ignominia y una vil carnicería.

172

La historia es flujo y reflujo, eterno ascenso y descenso; ningún derecho se conquista para siempre y ninguna libertad está definitivamente a salvo de la violencia y las formas que va adoptando. Todo avance de la humanidad será siempre impugnado e incluso lo evidente volverá a ser puesto en cuestión.

173

Nada destruye tanto la fuerza moral de la masa como la derrota, nada degrada y debilita tanto toda la disposición espiritual de una nación.

174

Donde está la naturaleza, reina también lo sobrenatural. Ella misma es tan inconcebible que legitima hasta la más audaz de las fantasías.

175

Cuenta Casanova que cada mujer le parecía la más bella mientras la tenía entre sus brazos. Y quizá sucede lo mismo con cada nuevo paisaje: al abrazarlo se desvanece el recuerdo de otros que podrían hacerlo palidecer.

176

Todo el pensamiento ruso es una fermentación del intelecto, una fuerza que se expande, que revienta, pero nunca un esclarecimiento del intelecto como el de Spinoza, Montaigne o algunos alemanes. Contribuye de manera prodigiosa al ensanchamiento espiritual del mundo, y ningún artista de los tiempos modernos ha roturado y revuelto nuestras almas como Tolstoi y Dostoyevski. Pero ninguno de los dos nos ha ayudado a crear un orden, un nuevo orden. Cuando pretenden dar salida al caos abismal de su alma convirtiéndolo en una manera de entender el mundo, disentimos de su sentimiento.

177

Todo inglés es más inglés de lo que el alemán es alemán. Lo inglés no es un barniz, una pintura que recubre el organismo espiritual: penetra en la sangre, regula su ritmo, palpita en lo más íntimo y secreto, lo más intrínseco del individuo. Incluso como artista, el inglés está más sujeto a su etnia que el alemán o el francés. En Inglaterra, todo artista, todo verdadero poeta, ha tenido que luchar con lo inglés que hay en él; pero ni siquiera el odio más ferviente, más desesperado, es capaz de doblegar a la tradición. Sus finas nervaduras se adentran demasiado hondo en el sustrato del alma, y quien quiere arrancarse lo inglés desgarra todo el organismo y se desangra por la herida.

178

El día que perdí mi pasaporte descubrí, a los cincuenta y ocho años, que al perder la patria se pierde algo más que un trozo de tierra rodeado de fronteras.

179

España es solo una unidad cartográfica: en realidad está escindida en dos partes casi diametralmente opuestas que, a su vez, se descomponen en un millar de contrastes distintos.

180

La belleza de una ciudad nunca procede solo de su arquitectura, sino de un vínculo especial con la naturaleza, del matrimonio feliz entre la creatividad humana y lo otorgado por Dios, entre la arquitectura del hombre y la poesía de la naturaleza. Por eso, para ser bella, una ciudad tiene que comulgar no solo con un elemento, sino con todos los elementos, con el agua, con la tierra y con el aire.

181

En la estación puede uno sentarse, descansar, tener cuatro paredes alrededor: patria para apátridas.

182

Por desgracia es inevitable que en primer lugar conozcamos nuestro propio país solo desde dentro
y los países extranjeros solo desde fuera (muchos
no pasan de ese estadio). Solo cuando conozcamos
nuestro país desde fuera y el extranjero desde dentro, tal como lo sienten sus nativos, podremos ver
con ojos europeos, podremos entender los diferentes países como una coexistencia necesaria, como
un complemento.

183

Para el poeta francés, la propia lengua, una vez dominada, escribe el poema, mientras que el poeta alemán se ve obligado a empezar de cero cada vez.

184

En Alemania nunca faltan consignas para moldear la opinión pública: son disciplinados en todo, incluso en la forma de pensar.

185

En esta ciudad se ha domesticado el fuego, que en la naturaleza solo se conocía en estado salvaje. Nada habría asombrado más a las generaciones anteriores ni a mí mismo: de día, Nueva York se alzaba majestuosa, pero de noche era una ciudad como cualquier otra. Proyectaba un resplandor, un velo de luz que parecía flotar sobre el pantano, de una extraña fosforescencia. Pero ahora, en el último cuarto de siglo, la luz se ha puesto a nuestro servicio y se ha transformado en esplendor. La obligan a perfilar contornos, a formar palabras, a dar vueltas y vueltas en un tiovivo, a bailar, a desvanecerse, a acurrucarse como un perro ante su amo. La hacen pintar las paredes de par en par para que sus estalagmitas blancas aparezcan en la oscuridad como por arte de magia.

186

A veces me pregunto si alguna vez hemos vivido tiempos similares, sobre todo aquellos que cargamos con la condena (que no la culpa) de ser judíos. Nunca habría imaginado, ni siquiera en los tiempos más turbulentos de mi juventud, que se me pudiera perseguir como a un criminal a la edad de casi sesenta años.

187

Dos horas en España son una experiencia más intensa que un año en Inglaterra, especialmente ahora que los cañones atraviesan la ciudad y la sabia indolencia de esta nación se revela con entusiasmo incluso en una crisis como esta.

188

La gente del norte puede ser romántica hasta la médula sin renunciar a una mente tranquila y casi imperturbable.

189

Lo más peligroso que se puede hacer en política es inmiscuirse en asuntos de los que no se tiene la menor idea.

190

En la vida real y concreta, en la esfera de poder de la política, rara vez deciden (valga esto como advertencia contra toda credulidad política) las figuras señeras, las gentes de ideales elevados, sino una especie mucho menos estimable pero más hábil: los personajes de segundo plano.

191

Sabemos por la historia que esos «nuncas» de los reyes, los políticos y los generales son casi siempre el preludio de una capitulación.

192

En política, la tenacidad lenta siempre se impone a la fuerza desenfrenada, el plan elaborado al plan improvisado, el realismo al romanticismo.

193

En la política, por desgracia, lo único que cuenta no es que una medida sea justa, sino que funcione.

194

Nunca un bello discurso ha aplacado un estómago hambriento.

195

He aprendido a odiar sinceramente la política, que siempre tiene que exagerar las cosas, que trastroca las palabras por consignas y el dogma por la hipérbole, y he aprendido a odiarla como el polo opuesto a la justicia.

196

Lo radical nunca satisface, solo inclina la balanza.

197

Lo peor de los revolucionarios franceses no es que se embriagaran de sangre, sino de palabras ensangrentadas: cometieron la insensatez de crear una jerga sanguinolenta, ver traidores por todos los rincones y fantasear continuamente con la guillotina, todo con la única finalidad de enardecer al pueblo y certificarse los unos a los otros su propio radicalismo.

198

Para las masas, lo concreto y tangible siempre será más apetecible que lo abstracto, y, por lo tanto, en política siempre tendrán más seguidores las consignas que, en lugar de un ideal, proclamen una hostilidad, un antagonismo de fácil digestión y manejo que se revuelva contra otra clase, raza o religión. El mejor combustible para la llama criminal del fanatismo siempre es el odio.

199

El odio reprimido va eligiendo diferentes grupos de víctimas para descargarse colectivamente contra ellos, sea por su religión, el color de su piel, su raza, su origen, sus ideales sociales o su visión del mundo. Cambian las consignas, los pretextos, pero el método de calumnia, de desprecio, de exterminio nunca varía.

200

El pueblo, como masa, nunca piensa de forma lógica y planificada, pero tiene un olfato más primordial que el individuo, un olfato casi animal; en lugar de guiarse por razonamientos, se guía por instintos, y esos instintos son casi siempre infalibles.

201

Nada insufló al pueblo alemán (esto hay que recordarlo tantas veces como haga falta) tanto rencor, tanta rabia, tanta predisposición a Hitler como la inflación.

202

En el fondo, al fanatismo le es indiferente el material que lo inflama; le basta con arder y abrasar y descargar la fuerza acumulada de su odio.

203

De nada le sirve al intelectual intentar resguardarse en la esfera retirada de la contemplación cuando los tiempos lo obligan a adentrarse en el tumulto de la derecha o de la izquierda, en una u otra turba, en una u otra consigna o partido. Y en esas épocas, nadie entre los cientos de miles y millones de combatientes necesita más valor, más fuerza, más entereza moral que el moderado que no quiere someterse a ningún delirio de muchedumbres ni a ningún pensamiento unilateral.

204

Los grandes conflictos violentos en el seno de la humanidad no suelen surgir de un afán sanguinario de violencia, sino de las ideologías que exasperan ese afán de violencia y lo arrojan contra otra parte determinada de la humanidad.

205

Siempre resulta mucho más fácil agitar a una masa de gente o incluso a una nación entera que volver a apaciguarlas.

206

Como la violencia rebrota en cada época bajo nuevas formas, los intelectuales deben renovar también una y otra vez la lucha contra ella. Nunca deben escudarse en el pretexto de que en ese momento la violencia es demasiado intensa y, por lo tanto, es inútil oponerse a ella con la palabra.

207

El tipo de déspota más peligroso (lo ilustra Robespierre) siempre es el asceta. El que no experimenta en su persona lo humano con plenitud y gozo siempre es inhumano contra los demás.

208

A esa misteriosa entidad denominada «pueblo» solo le es dado pensar de modo antropomorfo, desde dentro del ser humano. Sus entendederas no le permiten discernir conceptos, solo percibir figuras. Por eso siempre que intuye una culpa quiere ver a un culpable.

209

Cuando empezamos a sentir la libertad como una costumbre y no como nuestro mayor tesoro, justo en ese momento, surge de las tinieblas del mundo de los instintos una incomprensible voluntad de destruirla. Siempre que la humanidad lleva demasiado tiempo meciéndose confiada en la paz, se abalanza sobre ella la perniciosa atracción de la embriaguez de poder y la criminal avidez de guerra.

210

Hay épocas donde la obsesión de una docena de fanáticos e ideologías echa por tierra los valores más nobles de la vida, todo lo que hace nuestra existencia más pura y hermosa, la justifica y le da sentido;

nuestra paz, nuestra autonomía y nuestros derechos innatos. Entonces, para el ser humano que no
quiere dejarse arrebatar la humanidad por su época,
todos los problemas convergen en uno: ¿cómo seguir siendo libre?

211

En la historia se repiten una y otra vez esos momentos trágicos: cuando es imprescindible aunar todas
las fuerzas para proteger la civilización europea, los
gobernantes y los Estados no son capaces de conte-
ner sus pequeñas rivalidades ni siquiera durante un
breve periodo de tiempo.

212

Como muestra la experiencia, el nacionalismo es
una cuerda que hasta la mano más torpe puede hacer vibrar sin gran esfuerzo.

213

Los mitos, y muy especialmente los mitos nacionales, exigen credulidad.

214

Las cesiones y las claudicaciones no suavizan las demandas de una revolución; al contrario, solo la reafirman en sus certidumbres.

215

Toda revolución es una bola que rueda hacia delante. Quien la lidera, si quiere seguir liderándola, debe seguir corriendo sin pausa sobre ella como un acróbata para no perder el equilibrio: no cabe quedarse quieto en medio de la corriente.

216

A mi entender, lo más característico del método y el carácter de las revoluciones modernas es que solo se desarrollan en unos pocos puntos del enorme espacio de una ciudad moderna, y, por lo tanto, resultan del todo invisibles para la mayoría de sus habitantes.

217

Toda renovación mundial, toda mutación completa echa mano primero de los reformistas moderados en lugar de los revolucionarios exaltados.

218

Destino trágico de todas las personalidades despóticas: querrían rodearse de personas que merezcan su aprecio y, sin embargo, solo admiten a su lado esbirros y aduladores a los que desprecian.

219

La veracidad y la política rara vez viven bajo el mismo techo, y, cuando toca dibujar un espantajo para hacer demagogia, los obedientes títeres de la opinión pública pierden todo rastro de ecuanimidad.

220

Receta milenaria: cuando los Estados y los Gobiernos ya no saben cómo lidiar con las crisis internas, intentan desviar la tensión hacia el exterior.

221

El nacionalsocialismo, en su técnica de engaño sin escrúpulos, se cuidó de no mostrar toda la radicalidad de sus objetivos antes de haber embrutecido al mundo. Aplicaron cuidadosamente su método: solo una dosis cada vez y, después de cada dosis, un breve descanso. Solo una píldora cada vez, y luego un compás de espera para ver si la dosis no había sido demasiado fuerte y la conciencia del mundo todavía podía soportarla.

222

¡Ah, la mirada de Medusa del poder! Quien ha visto su rostro ya no puede apartar los ojos de él, y queda hechizado y subyugado.

223

Ninguna nación, ninguna época y ningún ser pensante se libra de tener que trazar una y otra vez el límite entre libertad y autoridad: la libertad no es posible sin autoridad (de lo contrario se convierte en caos), ni la autoridad sin libertad (de lo contrario se convierte en tiranía).

224

Quien proporciona a la masa una nueva ilusión de unidad y pureza extrae de ella lo más sagrado: su vocación de sacrificio y su entusiasmo. Como por ensalmo, millones de personas acceden a dejarse poseer, fecundar, incluso violar. Echan por la borda la libertad, que aún ayer era su mayor gozo, con tal de prestar la mínima resistencia posible, y el viejo *ruere in servitium* de Tácito revive cada vez que las naciones, en un acceso febril de fraternidad, se entregan voluntariamente a la servidumbre y llegan a alabar el azote con el que son fustigadas.

225

No importa cuál sea la idea: todas y cada una de ellas, en el momento en que recurren al terror para aglutinar y reglamentar las convicciones ajenas, dejan de ser idealismo para convertirse en bestialismo. Hasta la verdad más pura, cuando se impone a los demás por la fuerza, se convierte en un pecado contra el espíritu.

226

No hay fuerza más terrible que la violencia que no se detiene ante nada y se burla de toda compasión como de una debilidad. El terror de Estado diseñado de manera metódica y ejercido de manera despótica paraliza la voluntad del individuo a la vez que disuelve y socava toda idea de comunidad. Devora las almas como una enfermedad funesta y (este es su gran secreto) pronto cuenta con la ayuda y la complicidad de la cobardía general. Todo el mundo se siente sospechoso y sospecha de los demás, y el miedo que los domina los hace incluso adelantarse a las órdenes y prohibiciones del tirano.

227

La paz, exactamente igual que la guerra, tiene que empezarla alguien.

228

A los países que participan en la guerra, la neutralidad les parece una provocación.

229

Los griegos solo reconocían a los dioses en su có-
lera, y a esa oscura deidad nuestra llamada «patria»,
tan sanguinaria como aquellos, solo la reconocemos
y la sentimos en la guerra.

230

Mi sensación en este momento es que toda esta sinrazón mundial bajo la que sufrimos tan desmedidamente
debe de tener algún sentido metafísico. No puede
ser coincidencia que, como por consigna, el mismo
delirio se haya apoderado de todos los estadistas.

231

El destino de lo extraordinario es suscitar una y otra
vez el odio de la gente.

232

Se debería calcular la tasa de desgaste de las personas para saber cuánto pueden resistir. Los cálculos
realizados hasta ahora son claramente insuficientes.

233

Se necesitarían muchas páginas para describir la singularidad de esta época, pero lo más extraño es, sin duda, la capacidad de adaptación de la gente. Hay cuatro millones de hombres en el frente y un enorme número de personas han perdido a familiares cercanos, pero los teatros y las salas de conciertos agotan las entradas todos los días y los negocios van viento en popa.

234

Si lo que da sentido a la vida es descubrir una y otra vez nuevas formas de libertad en lo transitorio y en lo espiritual, entonces quizá sea mejor vivir con el menor lastre posible y cultivar el arte de dejar atrás la mayor parte posible del pasado sin sentimentalismos.

235

En la esfera de un destino vivido, el tiempo exterior y el tiempo interior solo son idénticos en apariencia.

236

El tiempo nos pertenece a nosotros, no nosotros al tiempo.

237

Solo en la primera juventud podemos confundir el destino con el azar. Más tarde sabemos que el auténtico camino de la vida estaba trazado en nuestro interior; aunque el camino parezca alejarse de nuestras aspiraciones por incomprensibles vericuetos, al final siempre nos conduce a nuestra meta invisible.

238

Del mismo modo que los animales, antes de la llegada del frío, envuelven su cuerpo en un cálido abrigo invernal, también al alma humana le crece un nuevo ropaje protector, una densa cubierta defensiva, en el momento de la transición a la primera vejez, tras dejar atrás el cenit. El climaterio masculino es, de modo casi unánime, la época predilecta de las grandes conversiones, de las sublimaciones religiosas, literarias e intelectuales; un ropaje protector que compensa el debilitamiento del riego sanguíneo, que alivia por vía espiritual el ocaso de la sensualidad, una exacerbación de la visión del mundo que cubre la mengua de la visión del yo, el declive de la potencia vital.

239

Mis mejores años han quedado reducidos a cenizas y envidio a jóvenes y viejos: a los que aún consiguen adaptarse a los nuevos tiempos y a los que ya ni siquiera tienen que hacerlo.

240

El otoño es la época bienaventurada de la recapitulación. Los frutos están cosechados, el trabajo está hecho: el cielo resplandece nítido y claro en el paisaje de la vida y en el horizonte.

241

Una de las leyes misteriosas de la vida es que siempre descubrimos sus verdaderos valores esenciales demasiado tarde: la juventud cuando se nos escapa, la salud en cuanto nos abandona, y la libertad, la esencia más preciosa de nuestra alma, solo en el momento en que nos la van a arrebatar o ya nos la han arrebatado.

242

Mis nervios ya son como las cuerdas de un instrumento gastadas de tanto tocarlas: se rompen al menor roce.

243

En la mirada de los hombres mayores ante las jóvenes hay a menudo una vaga timidez sumisa, como si imploraran clemencia por haber dejado de ser jóvenes.

244

Quizá nada sea tan ajeno al ser humano, esa criatura desmemoriada, como su propia juventud.

245

Quien vive una continua muerte en vida conoce un horror más insondable que la gente normal, y quien ha sentido la suspensión incorpórea, un goce más elevado que los cuerpos que nunca han abandonado la áspera tierra.

246

A algunos, la muerte los compensa por la pobreza de su existencia e incluso infunde un poder místico a su morir: quien vive la vida como tragedia tiene la muerte de un héroe.

247

A los moribundos, el tiempo siempre se les hace corto. Y eso es una muestra de la bondad divina.

248

Rara vez los poderes absolutos (el destino y la muerte) se aproximan al ser humano sin avisar. Normalmente envían por delante a un discreto mensajero con el rostro velado, y casi siempre el interpelado desoye el misterioso aviso.

249

Es quizá el único pedazo de libertad que uno tiene continuamente a lo largo de su vida: la libertad de tirar la vida por la borda.

250

¿Para qué vivimos si el viento, detrás de nuestras pisadas, ya se lleva hasta el último rastro de nosotros?

REGISTRO DE FUENTES

Esta primera edición de
La verdad nunca es vana
se hizo tinta y papel en enero de 2024.

ALFABETO

Queremos ser respetuosos con el medioambiente.
La cubierta no lleva plástico y el papel
empleado para esta edición procede
de bosques sostenibles.

Le animamos a visitarnos y, si lo desea,
a ponerse en contacto con nosotros en:

www.editorialalfabeto.com

@editorialalfabeto

@EdAlfabeto

Editorial Alfabeto

¡Muchas gracias por su tiempo!

«La carne es triste...», ya lo escribió Mallarmé,
pero si no has leído todos los libros
de nuestro catálogo, es que todavía
no has leído todos los libros...

MIGUEL TORGA

Bichos

«Un poeta que, mediante una apasionada conciencia de su país natal, nos enseña a buscar la verdad universal de nuestra humana forma de habitar el mundo».

Sophia de Mello Breyner Andresen

ALFABETO

«Ya es hora de que venga a recibirte en el portalón de mi pequeña arca de Noé», nos dice el propio Miguel Torga a propósito de *Bichos*. «Este libro te pertenece igual que a mí, y al saludarte en la entrada no pretendo sugerirte que lo leas con la luz de tu imaginación encendida, ni atraer tu mirada hacia la penumbra de su simbolismo. Eso no es asunto mío, porque ningún árbol explica su fruto».

ANARKHOS

Colección dirigida por
Juan Manuel González Otero
e Ignacio Pablo Rico Guastavino

CONTRAECONOMÍA

SAMUEL EDWARD KONKIN III

CONTRAECONOMÍA

DESDE LOS CALLEJONES...
HASTA LAS ESTRELLAS

Traducción y edición de
Ignacio Pablo Rico Guastavino

Unión Editorial
2024

Portada: #EBL

© 2024 SAMUEL EDWARD KONKIN III
© 2024 UNIÓN EDITORIAL, S.A.
c/ Hilarión Eslava,21 • Local • 28015 Madrid
Tel.: 91 350 02 28
Correo: editorial@unioneditorial.net
www.unioneditorial.es

ISBN: 978-84-7209-938-8
Depósito legal: M. 24.032-2024

Compuesto e impreso por EL BUEY LIBERAL, S.L.

Impreso en España • *Printed in Spain*

ÍNDICE

ELOGIOS
A SAMUEL EDWARD KONKIN III

Los escritos de Konkin son bienvenidos. Porque necesitamos mucho más policentrismo en el movimiento. Porque sacude a los Partyarchs que tienden a caer en una complacencia irreflexiva. Y, en especial, porque se preocupa profundamente por la libertad y sabe leer y escribir, cualidades que parecen estar pasando de moda en el movimiento libertario.

MURRAY N. ROTHBARD, PhD

INTRODUCCIÓN

¿Estás leyendo un libro de autoayuda, un manual de liberación personal, un asesoramiento financiero, un texto de economía esotérica, una plataforma antipolítica, una historia reveladora, una exposición sensacional de la vida clandestina o un libro de cocina anarquista? La respuesta es todas las anteriores.

Puede parecer confuso, pero el objetivo principal de este escrito es unificar estos temas que hoy en día suelen estar desconectados en la mayoría de las mentes. Espero que realmente divierta y entusiasme al lector con otra forma de vida accesible, que dé una nueva explicación a algunos de los problemas desconcertantes que aquejan a nuestra vida social y que tal vez resuelva algunos de ellos. En el camino, es posible que se les quiten algunas cargas más a muchos de los oprimidos, especialmente a aquellos que han decidido defenderse. Sobre todo, que algunos de vosotros os sintáis impulsados a actuar en vuestro propio nombre.

Ahí es donde comienza: con uno mismo. Si el individuo tiene derechos y elige ejercerlos frente a una oposición organizada e institucionalizada, comienza la Contraeconomía. No es necesario ser anarquista o incluso muy libertario para contraeconomizar, y la mayoría hasta la fecha no lo ha sido. Sin embargo, si un socialista o un fascista, o incluso uno desprovisto de ideología o pensamiento, aprende y aplica actos contraeconómicos, en mi opinión, se ha avanzado en el libertarismo más puro.

Con ese fin, he dejado deliberadamente las implicaciones filosóficas de la Contraeconomía para el final del libro. Y para asegurarme de que haya encontrado el tema lo suficientemente emocionante como para sumergirse en una teoría más profunda, he puesto la economía al final.

Esto no pretende atraer a los resistentes ni atrapar a los incautos. Este libro no es ni un tratado ni un manifiesto; el autor los tiene disponibles en otros lugares. La *Contraeconomía* tiene como objetivo hacer que la Contraeconomía sea lo más accesible posible para la mayor cantidad de personas posible.

Entonces, desde el principio, con las cosas profundas detrás, esto es lo que es la *Contraeconomía*. La economía es el estudio y la práctica de la acción humana que implica intercambio voluntario. La «economía» del *establishment* es la presentación de explicaciones de la acción humana de tal manera que beneficien al *establishment* o al segmento gobernante de la sociedad. La primera es un intento de ciencia; esta última es estafa artística. La Economía Contra-*Establishment*, es el estudio y la práctica de aquella parte de la acción humana que ocurre a pesar de la legitimidad oficial (legislación gubernamental) en contrario.

Como la cultura contrasistema resultó difícil de manejar en la década de 1960 y fue reducida a contracultura (aunque no sin una posterior tergiversación de sus objetivos), la economía contrasistema será reducida a contraeconomía. Para evitar tergiversaciones, lo que yo llamo Contraeconomía se escribirá con mayúsculas de manera consistente y se definirá de esta manera:

La Contraeconomía es la teoría y la práctica de toda acción humana que no es aceptada por el Estado ni implica violencia iniciática o amenaza de violencia.

Si esta formulación parece un poco arcana, es necesario excluir explícitamente el asesinato y el robo de la Contraeconomía. Los gobiernos tienen casi el monopolio del asesinato (guerra) y el robo (impuestos e inflación) y podemos dejar a los pocos estatistas independientes para que nos den una distinción clara y clarísima.

Dado, entonces, el código moral libertario de no dañar a tus semejantes, la Contraeconomía es hacer lo que quieras, cuando quieras, por tus propias buenas razones. Y, con eso, dejamos la teoría atrás y nos preparamos para estudiar el campo.

El objetivo del libro es mostrar al lector qué es la Contraeconomía. Lo veremos en todos los aspectos de la vida en todas partes del mundo y más allá. Mercado negro; mercado gris; disidencia tanto extranjera como nacional; resistencia fiscal; feminismo económico; escuelas subterráneas y centros comerciales; oro, plata, trueque y extranjeros ilegales; informática creativa y sistemas de información seguros; tráfico de armas y contrabando de Biblias; extensión de la vida y aumento de la inteligencia; autorrealización y resistencia psiquiátrica; hazañas sensacionales y revisionismo histórico frío y duro; alteración del espacio interior y exterior: todo está aquí.

Después de verlo por ti mismo y comprenderlo por completo, si deseas probarlo... ¡descubrirás que ya lo has hecho! Si deseas ampliar tu libertad, sin duda encontrarás algunas ideas nuevas. Lo más importante para mí es que si tú ya estás ampliando su libertad y estás preocupado por su validez, con suerte podrás ver la imagen completa y juzgar por ti mismo si estás en lo cierto.

Si algún contraeconomista cambia de opinión acerca de renunciar a una vida de libre mercado para regresar a la sociedad estatista «correcta», enferma, este libro habrá cumplido a medias su propósito. Y si los demás lo perciben bajo una luz nueva y más comprensiva, la otra mitad se cumple.

Y pasemos ahora a la acción humana real. − 3 coronas suecas.

–PARTE UNO–

Capítulo uno
CONTRAECONOMÍA FISCAL

«Una vasta economía sumergida que rivaliza en tamaño con toda la producción de Canadá, que involucra hasta 20 millones de personas y genera cientos de miles de millones de dólares en ingresos libres de impuestos, está prosperando bajo la corriente económica principal de Estados Unidos.

«En total, según algunas estimaciones, están en juego más de medio billón de dólares al año (alrededor de una cuarta parte de la producción registrada en Estados Unidos). Incluso los juicios más conservadores comienzan en casi 200 mil millones».

Noticias de EE. UU. e informe mundial
Artículo de portada, 22 de octubre de 1979

«Algo está sucediendo aquí. Lo que es no está exactamente claro…»
STEPHEN STILLS, «Por lo que vale la pena» (grabado por Buffalo Springfield).

Algo llamado «Economía Subterránea» ha sido descubierto por los medios de gran circulación del *establishment*. *Los Angeles Times*, por ejemplo, durante los años que el autor siguió de cerca, publicó las siguientes historias :

• 17 de julio de 1979 − «Se revelan 100 mil millones de "economía subterránea"» (Sección IV, páginas 1 y 11). «"Cual-

17

quiera que haya observado la economía subterránea le dirá que es muy grande", dijo Allen Voss, de la Oficina de Contabilidad General, al subcomité de supervisión de Medios y Arbitrios de la Cámara de Representantes.

«Los funcionarios describen la economía sumergida como compuesta por personas que declaran menos de lo que ganan, incluidos aquellos que se dedican al trueque o trabajan sólo por dinero en efectivo, y aquellos que ni siquiera se molestan en presentar una declaración».

• 18 de septiembre de 1979 – «La "economía subterránea" sale al aire» (Parte II, página 5). El columnista Robert J. Samuelson se queja: «Las agencias gubernamentales tienen una manera de conferir respetabilidad a las ideas, y eso es exactamente lo que el Servicio de Impuestos Internos ha hecho por la "economía clandestina". Hasta hace poco, este era simplemente otro tema aleatorio en las historias de periódicos y revistas. Ahora el IRS ha entregado un informe pesado estimando que quizás un dólar de cada diez de los ingresos se ha ido a la clandestinidad y no se declara a efectos fiscales. De repente tenemos un problema social a gran escala».

• 9 de enero de 1980 – «El dinero, una cuestión de toma y daca», subtitulado «El recaudador de impuestos engañado con miles de millones» (Parte IV, página 5), comienza con «"Me siento maravilloso por no pagar impuestos", dice RM Jones. "No me gusta apoyar a un gobierno de tigre de papel y no me gusta cuidar a la gente que recibe asistencia social"».

• 2 de abril de 1980: «Se temen evasiones de miles de millones de dólares en impuestos sobre la renta», subtitulado «Estados Unidos preocupado por fondos no declarados que fluyen hacia cuentas bancarias en el extranjero», expande el concepto a nivel internacional. «El abuso de las llamadas cuentas "offshore" por parte de estadounidenses ricos empeñados en evadir impuestos – así como por narcotraficantes, pagadores de sobornos corporativos y otros − ha alcanzado proporciones sin precedentes, según muchos expertos.»

• 7 de abril de 1980 − «Del lado de los ilegales», subtitulado «La tolerancia de los estadounidenses a las trampas fiscales de la economía sumergida les cuesta miles de millones», es un ataque editorial del editorialista del *Times* Ernest Conine. Dice: «La mayoría de los estadounidenses tienden a hacer un guiño ante este tipo de sucesos. Eso no es muy inteligente, por decir lo menos. El tipo que hace trampa en sus impuestos sobre la renta, ya sea un trabajador o un hombre de negocios multimillonario, está robando a los contribuyentes honestos con la misma seguridad que si les clavara una pistola en las costillas».

• 17 de abril de 1980 − «Cada vez más se niegan a pagar impuestos», subtitulado «Resistentes y "patriotas" insisten en que Estados Unidos no tiene derecho a cobrar impuestos», no menciona la «economía clandestina» en ninguna parte (Parte 1-C, páginas 7-8). Sin embargo, comienza: «Un número cada vez mayor de estadounidenses se niegan a presentar formularios de impuestos sobre la renta o a pagarle al Tío Sam otro centavo. La mayoría de nosotros pasamos varios meses al año trabajando para el Gobierno Federal, pero los que se resisten a los impuestos le han dicho al gobierno: "Renuncio"». Más adelante hablaremos más sobre esta anomalía.

• 18 de abril de 1980: «La mayor estafa fiscal de todas» encabezó una columna de cartas en el *Times* en respuesta a Conine. Se imprimieron seis misivas, todas críticas con la defensa de los impuestos por parte de Conine, aunque dos apoyaron los impuestos ofreciendo una alternativa, el Impuesto al Valor Agregado o IVA. Otros dos contenían esta frase de una sola palabra en respuesta a Conine: «¡Tonterías!». Otro dijo: «¡La inepta sugerencia de Conine de que contratemos más auditores es una tontería!».

• 18 de agosto de 1980 – «El IRS actúa para frenar el aumento de los rebeldes fiscales», subtitulado «Las filas aumentan a pesar de las condenas», nuevamente no menciona ninguna «economía clandestina». (Sección 1, Página 1).

• 10 de enero de 1981 – «Las iglesias pueden ser subastadas», subtitulado «15 congregaciones que se niegan a presentar formularios de impuestos estatales», amplía nuevamente el tema de los individuos y los rebeldes fiscales organizados a las iglesias (página 30, Parte I). «Al menos 15 iglesias fundamentalistas de California involucradas en una creciente revuelta contra la presentación de formularios de impuestos corren el peligro de que el Estado subaste sus propiedades». Una vez más, no se menciona ninguna «economía subterránea».

Esto tampoco se limita al *LA Times* o al *US News*. La columna de Jack Anderson del 29 de diciembre de 1979 comienza así: «Los contribuyentes estadounidenses honestos están siendo estafados por una creciente "clandestinidad" económica de evasores de impuestos cuyos impuestos no pagados deben ser cubiertos por la población respetuosa de la ley. Las estimaciones varían sobre el tamaño de las depredaciones anuales de estas guerrillas fiscales, pero algunos expertos creen que sus transacciones ilícitas libres de impuestos representan hasta un tercio del total de la economía estadounidense. Quizás la característica más alarmante de este oscuro ejército de tramposos es que muchos de sus reclutas no son figuras curtidas del hampa, sino ciudadanos respetados y aparentemente respetables».

La columnista Sylvia Porter, *Your Money"s Worth*, dedicó tres columnas (del 10 al 12 de noviembre de 1980) a la «Economía subterránea "invisible"». Ella concluye apocalípticamente: «El cumplimiento debe ser la respuesta si queremos evitar el peligro de que todo nuestro sistema se desmorone».

Quizás su visión no sea injustificada. *Zodiac News Service*, 1 de agosto de 1980, envió la siguiente historia:

(ZNS)El Servicio de Impuestos Internos decidió recientemente realizar un control sobre sus propios empleados auditando las declaraciones del impuesto sobre la renta personal de 168 de sus propios auditores, que fueron seleccionados al azar.

El IRS informa que 110 de esas auditorías ya están completas y que exactamente la mitad de los propios auditores del Servicio cometieron errores graves en sus declaraciones personales.

De las 55 declaraciones inexactas, 13 pagaron impuestos en exceso en un promedio de 129 dólares. Los 42 restantes, sin embargo, pagaron menos al Tío Sam en un promedio de 720 dólares. Esta cifra de 720 dólares, por cierto, es más del doble del pago insuficiente promedio del público de alrededor de 340 dólares.

El IRS iba a ampliar la auditoría de sus propios auditores, pero desde entonces canceló ese plan después de que los auditores calificaran el plan de «escandaloso» y «muy, muy injusto».

Y la «amenaza» aún no tiene límites. Thomas Brom, para *Pacific News Service*, 28 de noviembre de 1980, en el artículo «La floreciente economía "fuera de la ley" de Estados Unidos: empleos para muchos, protección para nadie», comienza con esta terrible advertencia a modo de «Nota del editor»: «El "fuera de la ley". La economía "oculta", donde el efectivo paga la factura y se evita al IRS, está creciendo a pasos agigantados, según estimaciones recientes. Ha llegado a funcionar como una especie de sombrío sistema de supervivencia general y de programa de bienestar no oficial para las crecientes legiones de desempleados. Pero si bien ofrece supervivencia a muchos, proporciona poco bienestar y ninguna protección a los trabajadores, y representa una seria amenaza para los sindicatos estadounidenses, informa Thomas Brom, editor de economía de PNS».

21

Finalmente, nada es un fenómeno popular si no aparece en la revista *People*. Así, en septiembre de 1979, página 30, una fotografía de página completa de Richard Fogel de la Oficina de Contabilidad General, con el título «Si el gobierno no toma medidas, la integridad de todo nuestro sistema tributario podría verse amenazada», se titula «Un nuevo estudio de EE. UU. sobre la evasión fiscal es otra razón para gritar: estoy muy enfadado y no voy a soportarlo más».

Algo está sucediendo aquí. Lo que no parece ser es la «rebelión fiscal» de los abogados constitucionalistas aficionados. Lo que sí parece ser es un gran éxito y sumamente irritante para el Estado, su *establishment* y sus defensores.

¿Y qué es la «economía subterránea»?

La «economía subterránea» evoca la visión de alguna subsociedad ajena a la sociedad general, con conciencia, organización estructurada y una subcultura de costumbres, tradiciones y tal vez incluso arte y literatura. La imagen del centro comercial subterráneo de *Alongside Night* (Crown, 1979) de J. Neil Schulman encajaría. Pero eso está ambientado en 2001 (ficción especulativa) y nadie afirma que tal subsociedad exista hoy. Además, Schulman habla de la Contraeconomía, algo que contiene mucho más que evasión fiscal. Entonces, ¿qué es la actual «economía subterránea» y cuál es su relación con la contraeconomía, si la hay?

El *US News & World Report* ofrece la definición más amplia de las fuentes mencionadas y la mayor cantidad de ejemplos: «En resumen, la economía sumergida involucra toda la actividad económica realizada todos los días que, por una variedad de razones, escapa a la tabulación por parte del sistema económico oficial de la nación. Tomadores de pulso: desde el pluriempleo y las ventas de puestos de frutas en las carreteras hasta las argucias corporativas de alto nivel y las operaciones de robo multimillonarias en los casinos de juego». Hasta ahora, es lo suficientemente amplio como para abarcar la Contraeconomía. Pero luego, *US News* lo reduce: «Esta "fuerza laboral" está dominada por los trabajadores autónomos (desde abogados, médicos y contadores hasta comerciantes y traders) y por los trabajadores pobres. Pero también incluye a muchos otros sectores de la sociedad: aquellos que, entre otras cosas, aumentan las deducciones fiscales o declaran menos ingresos por intereses, dividendos, alquileres o regalías».

La Contraeconomía incluye a todos. (ver capítulos posteriores para una prueba). Es decir, una actividad contraeconómica es cualquier acción humana que tiene lugar sin la aprobación del Estado. Y dado que las leyes cubren casi todos los esfuerzos humanos, y a menudo prohíben tanto la acción como su correspondiente inacción, todos, al menos en un pequeño grado, deben doblar o violar las leyes simplemente para existir.

US News. ve considerablemente menos gente en su «Economía Subterránea». «En pequeñas y grandes formas, probablemente estén involucrados entre 15 y 20 millones de estadounidenses», dice Allen R. Voss, quien supervisó un estudio del problema realizado por la Oficina de Contabilidad General. De ellos, hasta 4,5 millones obtienen todo su sustento de ingresos subterráneos, según Peter M. Gutmann, profesor de economía de la City University de Nueva York». En resumen, la «Economía Subterránea» es el sector más comprometido de los infractores de las leyes fiscales de la Contraeconomía.

¿Quiénes son los libres de impuestos? Se dan varios ejemplos, desde viudas que limpian casas hasta amas de casa, sastres y agricultores vendedores de verduras en las carreteras. Este puede ser arquetípico: «Una actriz de 24 años en apuros en la ciudad de Nueva York tiene tres trabajos para llegar a fin de mes: trabaja como camarera, un trabajo que le supone entre 30 y 35 dólares al día, incluidas las propinas; ayuda en la joyería de su padre los sábados y aparece ocasionalmente en su propio acto de cabaret en un local nocturno de Greenwich Village.

«Ninguno de sus trabajos está registrado. En otras palabras, sus empleadores no retienen ningún impuesto de su salario y no contribuyen al Seguro Social o al seguro de desempleo como se les exige. «Estoy completamente bajo tierra», dice. "No hay registros de nada de lo que estoy haciendo"».

No muestra culpabilidad ni arrepentimiento por no rendir cuentas al Estado por su acción. La limpiadora de la casa emite una nota melancólica. «"A medida que envejezco", dice, "empiezo a pensar que tal vez debería haber hecho que mi gente pagara el Seguro Social por mí. Pero de esta manera no pago impuestos, ni nada"».

Si bien el concepto de «economía clandestina» tiene un gran peso hacia evasión fiscal, la interconexión con otras actividades contraeconómicas como la evasión de la Seguridad Social, la evasión de las regulaciones laborales, el incumplimiento de las inspecciones de salud y seguridad y la inmigración ilegal es obvia.

La «Economía clandestina», tal como la define el IRS y otros, incluye como máximo a nuestra actriz y sus empleadores. Pero recuerda, cualquiera que trate con ella y esté al tanto de sus actividades ilegales es cómplice. Por lo tanto, todos sus amigos, parientes, compañeros de trabajo y probablemente muchos de sus clientes, compañeros actores e incluso *barflies* están involucrados en la Contraeconomía. Este efecto «dominó» es característico de la Contraeconomía; no es necesario insistir en su efecto sobre la majestad y la autoridad del Estado, sus agentes y burócratas, incluso sobre aquellos involucrados incluso de manera periférica.

Todo trabajo o empresa no estatista es capaz de algún grado de contraeconomía. Algunas industrias parecen tener una mayor afinidad por la Contraeconomía que otras. *US*

News profundiza en aquellos sectores comerciales que, para mantener la metáfora, tienen tendencia a «sumergirse». A la cabeza está ese conjunto heterogéneo de oportunidades de empleo conocido como pluriempleo.

«Toda una panoplia de pluriempleados trabaja arduamente en la economía sumergida. Uno de esos hombres, un joven músico neoyorquino, ganó 7.500 dólares (casi todo en efectivo) dando clases de guitarra el año pasado. Pero no declaró nada de eso en la declaración conjunta que presentó con su esposa. No mencionó los ingresos, dice, en parte por necesidad y en parte por ira. Sus padres pagaron altos impuestos durante años, dice, pero le negaron préstamos gubernamentales y subvenciones disponibles para otros para ayudarlo con sus gastos universitarios porque los ingresos de sus padres eran demasiado altos». La conexión entre el resentimiento antiestatal y la motivación contraeconómica es indicativa del libertarismo implícito de la contraeconomía; el hecho de que siga desenfocado (en la actualidad) bien podría interesar a los estrategas libertarios.

«Un pluriempleado en Indiana trabaja en un taller de máquinas herramienta durante la semana y supervisa una instalación privada de eliminación de basura los fines de semana, donde recibe alrededor de 100 dólares en ingresos no declarados cada semana». Si bien los contraeconomistas acérrimos son más comunes de lo esperado (por ejemplo, la actriz y el músico mencionados anteriormente), la mayoría de las personas son parcialmente contraeconómicas.

«Millones de personas que trabajan en empleos regulares pero que no están sujetos a retención de impuestos (maestros, taxistas, vendedores puerta a puerta, encuestadores, agentes de seguros y corredores de bienes raíces, entre ellos) son acusados por los funcionarios de ser un elemento importante. en la economía sumergida. Alrededor del 47% no declara sus ingresos, afirma el IRS». Curiosamente, *US News* no menciona a las camareras ni a los camareros en ninguna parte de su artículo; una omisión sorprendente considerando el tamaño de ese ejército amazónico (en gran parte femenino) con pistas en gran medida no reportadas.

¿Cómo lo hacen los exentos de impuestos contraeconómicos?

¿Como funciona? Fundamentalmente, como admite irónicamente el Servicio de Impuestos Internos, el impuesto sobre la renta se basa en el cumplimiento voluntario. Cuando se da el cumplimiento, oscurece, es en la información sobre su botín, no en su recolección. Para decirlo de forma simple y directa, tienes que entregarte (o pedirle a alguien de confianza que lo haga por ti) para que te paguen impuestos. Romper el acceso del Estado a la información sobre sus víctimas es un principio general de la mecánica contraeconómica; el otro método implica hacerles saber cuándo son impotentes para actuar, lo que funciona en ciertos campos pero no es «clandestino».

Este es entonces el verdadero significado de «clandestinidad» en este contexto: fuera de la «vista» de los ojos de los informantes y ejecutores del Estado. ¿Cómo funciona esto en la práctica diaria?

Casi todos los ejemplos dados utilizan dinero en efectivo y complicidad. El efectivo es imposible de rastrear; en efecto, incluso si el Estado sospecha, mientras tenga el sistema jurídico actual no puede probar ni condenar. Necesitan registros y testimonios. La complicidad, por supuesto, se compra directamente con un descuento. (En unos pocos casos raros, especialmente en el caso de artistas, artesanos y traficantes de drogas especiales, la complicidad puede adquirirse mediante la singularidad del producto; es decir, no se puede obtener excepto mediante un acuerdo clandestino).

Otro método, sin embargo, opera por el método inverso: sin efectivo. *US News* dice: «Se cree que las transacciones de trueque son otra fuente importante de ingresos libres de impuestos. Un abogado de Flint, Michigan, recibió un aparador antiguo de 300 dólares de manos de un residente local al que representaba en un asunto de manutención infantil. El abogado muchas veces intercambia servicios con sus clientes pero no declara como ingreso el valor de los artículos que recibe. «No me siento culpable por lo que hago», dice. "El gobierno me está estafando"». Nuevamente vemos el resentimiento anti-Estado que justifica la ilegalidad, y el efecto dominó en la «contaminación» de este abogado a toda una ciudad llena de clientes con complicidad contraeconómica.

«Otro hombre, un ilustrador comercial y redactor publicitario independiente de Chicago que está harto de los altos impuestos, dice que hace pocos negocios en efectivo pero sí mucho trueque. Escribe textos publicitarios para una licorería a cambio de las bebidas alcohólicas que necesita para entretenerse y hace ilustraciones para una agencia de publicidad a cambio de servicios tipográficos. Calcula que el trueque representa entre el 5 y el 10 por ciento de su negocio». Las empresas clandestinas (al igual que de la superficie) parecen estar limitadas únicamente por el ingenio. Por supuesto, la «economía superficial» también está limitada por el control y las regulaciones del Estado.

Oh, sí, ¿qué opina este artista de sus actividades ilegales? «"Estas transacciones ocurren con tanta frecuencia, en un nivel económico bajo, que no puedo llevar la cuenta de la frecuencia con la que las hago", dice. Ocultárselo al recaudador de impuestos le habría molestado hace un par de años. No más. "Ahora lo pienso en términos de supervivencia económica. Los impuestos se han convertido en un robo legalizado». Suena como un libertario ideológico.

Además de estos dos métodos de mantener los ingresos «fuera de los libros» para protegerlos de los recaudadores de impuestos, otro método es manipular los propios libros. Un grupo de jubilados recolecta las ganancias en las pistas de carreras para los grandes apostadores y luego las entrega a sus patrocinadores, quienes evitan los niveles de ingresos altos. Las cuentas de gastos pueden absorber, y de hecho lo hacen, todo tipo de transacciones que deben mantenerse fuera de los libros de ingresos personales. El «skimming» es casi universal en pequeños comercios, comercios y taxis: quedarse con una parte de lo recaudado cada día sin registrarlo. Un joyero entrevistado por *US News* realiza negocios por valor de 10 millones de dólares al año, de los cuales entre el 25 y el 30 por ciento son dinero en efectivo. «Dice que cree que entre el 10 y el 20 por ciento de todos los ingresos generados "en la calle" no se declaran». Tremendo. Y suena como Ayn Rand: «Empecé sin nada y construí un negocio de millones. El gobierno empezó con miles de millones y sigue endeudándose. Simplemente desperdician el dinero».

Y finalmente, uno puede simplemente duplicar los libros, uno para ti y otro para el Estado: «Un barbero de Houston lleva dos juegos de libros, uno para ella y otro para el IRS. La mayoría de los negocios se realizan en efectivo; ella se embolsa alrededor de un tercio de ese dinero, o 200 dólares a la semana, sin declararlo».

Un último ejemplo de *US News* lo pone todo junto. «Un comerciante de California que se jacta de no haber pagado el 1% del impuesto sobre la renta en cinco años ofrece este consejo sobre cómo hacerlo: "Lo más importante es la coherencia. Si desnatas, desnatas la misma cantidad cada año. Si dejas pasar un año sin quitarte nada y al siguiente tomas el 20%, te van a pillar.

«"Ni siquiera una auditoría del IRS significa el fin del mundo. Normalmente se le avisa con antelación. Todo lo que tienes que hacer es comprar algunos talonarios de recibos nuevos y adaptarlos a tus cifras. Siempre y cuando los recibos estén numerados consecutivamente y las cifras concuerden, todo está bien. De hecho, el año en que engañé al gobierno fue el año en que fui auditado. El resultado fue que el inspector terminó felicitándome por el buen estado de mis registros. Engañar al gobierno es tan fácil que es lamentable"».

¿Qué causa la «economía subterránea»?

La Contraeconomía existe porque existe el Estado. Toda intervención del Estado en el libre mercado disloca la oferta de la demanda. Además de ser la maldición coercitiva que denuncian los libertarios, cada intervención crea una oportunidad económica para que un empresario descubra cómo satisfacer la demanda que el Estado prohíbe o hacerla más barata de lo que el Estado permite.

En el caso especial de la «economía subterránea» libre de impuestos, cada impuesto es un desafío. Echemos un vistazo a la ciudad de Nueva York. *US News* dice: «El mercado negro de cigarrillos de contrabando de la ciudad de Nueva York, que según algunas estimaciones representa actualmente hasta la mitad de todas las ventas de productos de tabaco en la ciudad, podría estar negando a la ciudad y al Estado "cientos de millones de dólares al año". «Año» en ingresos, dice David Durk, comisionado adjunto de cumplimiento del Departamento de Finanzas de la ciudad. La razón del floreciente mercado de contrabando: el elevado impuesto especial, que asciende a 23 céntimos por paquete».

¿Solo esto? Sigue leyendo. «El impuesto sobre las ventas relativamente alto de la ciudad de Nueva York, del 8%, plantea otro problema. Los comerciantes suelen quedarse con el 20%, dice el economista Gutmann. ¿Y sólo en Nueva York? «Un experto en impuestos sobre las ventas, John F. Due, profesor de economía de la Universidad de Illinois, dice que del 3 al

5 por ciento del total de los impuestos sobre las ventas adeudados en todo el país, o hasta 2 mil millones al año, escapan a la recaudación».

Un segundo artículo de *US News*, inmediatamente después, «Hacer trampa en los impuestos: una búsqueda mundial», documenta cifras similares y ajustadas a las prácticas culturales locales en todo el mundo. *Schwarzarbeit* en Alemania, *travail noir* en Francia, fiddlers en Gran Bretaña y *morocho* en Argentina son términos acuñados para abordar el trabajo y el dinero negros. «La economía sumergida de Italia está creciendo tan rápidamente que el gobierno ahora la incluye en la planificación económica». Los funcionarios del gobierno argentino «estiman que hasta el 40% de todos los negocios están involucrados». Japón, Suecia y Canadá están cubiertos, y «los economistas de Tailandia se muestran desconcertados cuando se les pide que calculen cuánto le están costando al gobierno los impuestos no recaudados. "¿Quién sabe?" es la respuesta que se da con más frecuencia». Examinaremos en detalle la contraeconomía internacional en el próximo capítulo.

¿Debería haber una «economía subterránea»?: Hay críticos y defensores.

Existe una Contraeconomía, en particular el sector involucrado en la evasión fiscal, y es enorme. Fue «descubierto» y nombrado por este autor, hablando con libertarios radicales, en 1974. Ahora la parte «clandestina», al menos, ha sido descubierta por otros y no la aprueban. Aunque dejo la teoría y la justificación para el final como prometí, creo que puedo abrir el apetito del lector anticipando el debate entre los libertarios y los escritores del establishment sólo sobre la cuestión fiscal.

Ambos bandos coinciden en que una sociedad perfecta no tendría una Contraeconomía, ni ninguna parte de ella. En lo que no están de acuerdo es en que los libertarios ven la Contraeconomía como esa sociedad perfecta en embrión que lucha por salir del cascarón; la oposición lo ve como una plaga y un tumor desagradable en un cuerpo político más o menos aceptable.

A los defensores y planificadores del Estado de bienestar no les gusta. Dice *US News*: «los programas gubernamentales están trastornados por la economía sumergida. Debido a la falta de regulación de los empleos y los ingresos, las lecturas de los estadísticos gubernamentales (cuyas cifras pueden desencadenar aumentos automáticos del costo de vida o inyectar miles de millones de dólares de adrenalina fiscal a la economía cuando aumenta el desempleo) pueden estar fuera de sintonía con lo que realmente está sucediendo. . El desempleo, por ejemplo, puede ser en realidad casi medio punto porcentual inferior a lo que indican las cifras oficiales, dice un economista que lo ha estudiado, y el número de personas afectadas por la pobreza es algo menor». Los libertarios señalarían que tal vez la Contraeconomía podría absorber a todos los desempleados, especialmente cuando el Estado se desplome en una inflación galopante o una depresión catastrófica, que resultan de los propios controles del Estado.

Ernest Conine del *LA Times* lo expresa de esta manera: «En un mundo perfecto, todas las desigualdades desaparecerían. Sin embargo, a la espera de ese día improbable, las quejas que todos tenemos sobre el gobierno difícilmente constituyen una excusa válida para hacer trampa en los impuestos». Quizás no, pero ¿qué cree que tiene de malo? «Después de todo, cuando un pintor de casas o un abogado declara sólo la mitad de sus ingresos, no está perjudicando a David Rockefeller, al Pentágono, a Jimmy Carter, a la Corte Suprema de Estados Unidos o al gran evasor de impuestos». Sería muy esclarecedor conocer por qué algunos o todos ellos deberían resultar perjudicados, si lo explicara un editor de *Los Angeles Times*. Por desgracia, no: se da tal análisis. Y, además de eso, Conine está objetivamente equivocado, 180° fuera de control. Dado que todos ellos, excepto los «grandes evasores de impuestos», viven de los impuestos del Estado, tienen mucho menos pastel que dividir. Si toda la economía se volviera «clandestina», todo lo mencionado anteriormente estaría en quiebra.

¿A quién perjudica el contraeconomista, según Conine? «Está perjudicando al tipo de la calle que trabaja por un sueldo fijo y no tiene forma de evadir impuestos, incluso si quisiera, y por lo tanto debe pagar tanto su parte de la carga fiscal como la del evasor fiscal también». De nuevo Conine se equivoca; si su teoría económica se mantiene, entonces si todos evitaran impuestos, excepto un desafortunado, él o ella soportaría toda la carga fiscal. Hay cierta «elasticidad» para gravar la «oferta», pero nada del orden del 20-30% de la economía. El Estado simplemente está recaudando menos impuestos, punto.

Conine culpa al «fraude fiscal» por los impuestos más altos y concluye: «De alguna manera, sin embargo, este es un caso en el que demasiadas personas instintivamente no se ponen del lado de la policía, sino de los ladrones... La mayoría de nosotros parece decidido a seguir mirando por las pequeñas cosas». – aburrieron a los evasores fiscales con perpleja tolerancia – incluso jugando su juego con pagos en efectivo no registrados por los servicios prestados – sin tener en cuenta el hecho de que están colocando su parte justa de la carga fiscal sobre nuestros hombros».

Más adelante en este libro, el «tipo con el sueldo justo» encontrará más formas, si aún no ha elegido varias, de cómo unirse a los que no pagan impuestos. Un capítulo se ocupará del temor de Brown, de *Pacific News Service*, a la explotación ilegal de extranjeros y a la falta de seguridad; la abundante literatura que ya existe sobre la economía de libre mercado responde a los temores de Sylvia Porter sobre el colapso de la sociedad y el colapso del Estado en la sociedad. El último capítulo del libro se abordará cómo la Contraeconomía puede expandirse para abrumar la economía del Estado y crear una sociedad libre, y vendérsela a un pueblo oprimido y enojado que ya lucha hasta los límites de su comprensión. .

La parte justa de la carga fiscal, si la hay, nos lleva a la teoría, que se está postergando. Baste decir aquí que si Conine cree que una sociedad relativamente libre tiene derecho a elegir su propio nivel impositivo, con o sin representación, entonces debería dar la bienvenida a quienes efectivamente están tomando esa decisión. Pero no son sólo las personas relativamente libres de Estados Unidos las que pueden tomar esa decisión a través de la Contraeconomía. Ahora nos centraremos en el resto del mundo.

CAPÍTULO DOS

CONTRAECONOMÍA INTERNACIONAL

Habiendo establecido la existencia de al menos la parte libre de impuestos de la Contraeconomía y al menos en este continente, uno tiene dos direcciones para expandir el concepto: otros campos en este continente o la Contraeconomía en el extranjero. También existe la combinación de ambas: la contraeconomía a través de las fronteras de este continente y las de otros.

En un mercado libre no hay fronteras. Hay geografía, espacio que cruzar con bienes e información, y obstáculos que superar, todos los cuales afectan al precio. Cuando el Estado impone fronteras imaginarias y agentes reales como inspectores de aduanas, funcionarios de inmigración y agentes del tesoro (por no hablar de ejércitos y marinas), el mercado se divide. El mercado blanco ve obstáculos; el mercado negro ve oportunidades. Para los contraeconomistas, una frontera es sólo otro obstáculo para mover bienes y servicios para que sean tratados de manera eficiente y competitiva.

Algunos de los bienes contrabandeados incluyen personas, dinero y cosas; este último se conoce como contrabando y puede ser cualquier cosa, desde pantalones hasta cocaína. Otro campo del comercio que evita fronteras es el transporte de información. Esto puede abarcar desde «transmisiones

piratas» hasta espionaje industrial y político. Incluso existe la
táctica de trasladar bienes legalmente aceptables a través de
las fronteras para aprovechar diferentes exenciones fiscales e
incentivos a la exportación.

Este puede ser el mejor momento para señalar que hay
lugares que prácticamente no tienen contraeconomía (aunque
es posible que aquí solo estén operando contraeconomistas
de otras áreas): el espacio, alta mar y los puertos libres. La
rápida militarización y nacionalización de los dos primeros
está generando contraeconomía y se tratará más adelante.
La tercera categoría describe áreas donde los Estados del
mundo tienen contratos (tratados) para abstenerse de ejercer
control, aunque eso es revocable en cualquier momento,
como descubrieron Danzig y Tánger. Incluso Hong Kong
y Singapur estuvieron brevemente ocupados durante la Segunda Guerra Mundial. Uno puede extraer las lecciones que
desee de estos lugares que no tienen intervención económica
ni contraeconomía, y niveles de vida mucho más altos que
los de su entorno.

Por cierto, casi todos los países importantes tienen zonas
de libre comercio en aeropuertos y puertos marítimos para
permitir la transferencia de mercancías de un transportista
internacional a otro. La ciudad de Nueva York tiene uno en
Staten Island. El destacado pedófilo Roman Polanski, que podría ser arrestado nada más entrar en Estados Unidos, aterrizó
en el Aeropuerto Internacional de Los Angeles y despegó de
nuevo en ruta de Francia a Tahití. No fue molestado, aunque
sabiamente permaneció en el avión durante todo el proceso.
Esas áreas de libre comercio difícilmente son el resultado de
la benevolencia o la laxitud del Estado; si un Estado elimina
tales beneficios al comercio, otro Estado en la «anarquía internacional» ofrecerá el servicio y aumentará la participación
en las empresas.

¿Qué pasa con la «economía subterránea» de la evasión fiscal? ¿Eso existe en el extranjero? En muchos lugares, los impuestos son peores que en Estados Unidos, por lo que, si esperamos que cuanta más Contraeconomía, mayor sea la intervención, deberíamos encontrar mucho.

La «economía subterránea» internacional

El término *Schwarzarbeit* en Alemania Occidental y *travail noir* en Francia significan «trabajo negro». «Cualquiera que sea el nombre de este mercado oculto, en Europa significa que los trabajadores evaden el impuesto sobre la renta, la seguridad social y, a menudo, otros impuestos al no declarar sus ingresos completos al gobierno. Los empleadores eluden los impuestos de bienestar social y, en algunos países, los impuestos al valor agregado. También evitan pagar salarios más altos a los empleados regulares por horas extras». ¿Cuántos están involucrados? «Los expertos de la Oficina Internacional del Trabajo en Ginebra estiman que en Europa el 5 % o más de la fuerza laboral total puede estar involucrada en las economías ocultas. ¡Eso significa entre 7 y 8 millones de trabajadores!»[1]

Fuera del Pacto de Varsovia, se suele considerar que el país más socialista (estatista) es Suecia. «Suecia, la nación europea con mayores impuestos, tiene una economía oculta que se estima representa al menos el 10 % de la producción nacional y le cuesta al gobierno impuestos que ascienden al 15% del presupuesto». El trueque de mano de obra parece ser el método principal, y el Estado sueco está intentando con todas sus fuerzas suprimir el trabajo contraeconómico «y reforzar sus

---

[1] «La economía sumergida: cómo 20 millones de estadounidenses engañan al Tío Sam con miles de millones en impuestos» (1979, 22 de octubre). Informe mundial y de noticias de EE. UU., p. 53.

controles fiscales, que ya se encuentran entre los más estrictos de Europa. Pero las autoridades parecen estar librando una batalla perdida...»[2].

«La economía sumergida de Italia está creciendo tan rápidamente que el gobierno ahora la incluye en la planificación económica. Las estimaciones oficiales cifran los ingresos provenientes del trabajo oculto en alrededor del 10% del producto nacional bruto –o alrededor de 24 mil millones de dólares– en 1978. Pero un estudio reciente dice que es mucho mayor, hasta 43 mil millones de dólares en 1979».

El marketing laboral contraeconómico beneficia tanto a los empleadores como a los empleados, traspasando las líneas de clase incluso en una Europa obsesionada con las clases. ¿Por qué? Los trabajadores negros de Italia «normalmente reciben salarios más bajos, trabajan más horas y no tienen seguridad social ni otros beneficios complementarios. Pero no pagan impuestos».[3] Aquellos que quieran argumentar que los trabajadores quieren evitar riesgos y confían en que el gobierno los protegerá de los empresarios explotadores, tendrán que lidiar con esta realidad inconveniente: «Más de seis millones de trabajadores, un tercio de la fuerza laboral de Italia, están empleados en secreto». Y para los empleadores italianos, la Contraeconomía «reduce sus costes laborales, les brinda una fuerza laboral flexible y les permite exigir a sus empleados que trabajen horas extras cuando sea necesario».[4]

¿Sólo el trabajo italiano ha adquirido conciencia contraeconómica? «El propietario de una fábrica de ropa, que cuenta con trabajadores ilegales, puede vender su producto a un intermediario. El intermediario, que opera desde una furgoneta

[2] Ibídem.
[3] Ibídem.
[4] Ibídem.

de reparto, vende a un minorista. El minorista no registra la compra y por lo tanto puede vender con descuento porque no ha pagado el impuesto al valor agregado».[5] Observa cómo se forman capas de actividad económica entre el productor inicial y el consumidor final y estas capas forman pasos contraeconómicos en la «pirámide de capital».[6] Ningún paso de la producción parece seguro... para el estatista.

«Sin embargo, ¿por qué rara vez se oye hablar de desregulación bajo el cielo azul del soleado Mediterráneo?... La comprensión se da por primera vez en la autopista. En las carreteras marcadas con 100 km/h, el único vehículo que respeta el límite de velocidad es un Morris Minor solitario con matrícula británica y un neumático pinchado. En los pasos de cebra de las plazas se pueden ver bicicletas, motos y carretas de bueyes, pero ningún peatón. Entran y salen rápidamente de los carriles marcados como «Sólo autobuses», donde ni siquiera los italianos más viejos recuerdan haber visto un autobús. Las regulaciones monetarias son estrictas, pero las tiendas o las cabinas de peaje aceptan cualquier cosa, desde dólares hasta francos suizos, y luego te dan el cambio en chicles envueltos alegremente para compensar la escasez de monedas acuñadas. Un portero del hotel Ciritti Palace de Venecia explica por qué los taxis acuáticos cobran tres veces la tarifa oficial. Señala con orgullo los formularios computarizados de impuestos sobre la renta que el gobierno de Roma envía a todos. «Los estadounidenses mostraron a nuestro gobierno cómo hacerlo», dice.»

Nuestra observadora, la señora Amiel, ve la respuesta de manera bastante contraeconómica. «De repente, la moneda, o quizás el chicle, cae. Por supuesto, en Italia se habla poco de desregulación. ¿Por qué luchar contra el tigre de papel? El

---

[5] Ibídem.
[6] Böhm-Bawerk, E.V. (1890) *Capital e interés*. Nueva York: Macmillan & Co.

maravilloso espíritu mediterráneo, el genio italiano, el sabio y vital fluir del brío, han resuelto el problema sin él. Los italianos han cortado el nudo gordiano.

«Pueden tener todas las reglas y regulaciones del mundo; simplemente no los observarán. Los italianos han elevado la desobediencia civil a un arte fino y sutil. Han creado regulaciones que la mayoría de ellas merecen ser letra muerta del deseo de otra persona».[7]

Francia tiene menos opresión fiscal y el trabajo negro se estima en –sólo– 800.000 trabajadores y cinco mil millones de dólares, aunque sin duda es una subestimación. «La mayoría de los trabajos ocultos son de fontanería, pintura, techado, instalación eléctrica y otras reparaciones del hogar. Pero también son populares la confección de vestidos, la reparación de automóviles y camiones, la peluquería y la carpintería». Hasta el momento nadie había comprobado el procesamiento de datos allí.

Las filas del propio gobierno no son inmunes. «Incluso los funcionarios públicos, como los policías, trabajan de noche o los fines de semana». Más sobre eso en un momento. ¿Qué tal los casos de asistencia social? «Algunas personas que reciben altas prestaciones por desempleo prefieren trabajos clandestinos a tiempo completo a trabajar legalmente».[8]

El estatismo sindical añade incentivos a la contraeconomía de Alemania Occidental. donde los impuestos más bajos podrían deprimir la motivación, (Los salarios artificialmente altos crean una barrera de entrada y dejan puestos de trabajo sin realizar). Los *Schwarzarbeiters* combaten los salarios artificialmente altos. «Los fontaneros y albañiles, que cobran

---

[7] Amiel, B. (1981, 13 de julio). «El sutil arte de la desobediencia». *Macleans* 94(28), p. 52.

[8] *US News & World Report*, *op. cit.*, p. 53.

entre 17 y 25 dólares la hora si trabajan abiertamente a través de un contratista, pueden ser contratados en secreto por la mitad de ese precio».[9] Es imposible asignar valor de mercado sin registrar las transacciones, pero los funcionarios alemanes estiman que veinticinco mil millones de dólares de trabajo no gravado al año cuestan a su Estado cuatro mil millones en impuestos, lo que supone que incluso se habría realizado si se hubiera gravado.

Insidiosa y erróneamente, «un ministerio de trabajo estatal dice que 230.000 alemanes occidentales podrían encontrar trabajo si se eliminara el *Schwarzarbeit*». Los millones de trabajadores negros que quedarían desempleados no tienen importancia para el Ministerio de Trabajo.[10]

Se impusieron multas de 380.000 dólares y un trabajador en Stuttgart recibió una multa de 5.000 dólares y un impuesto de 112.000 dólares por ganar 250.000 dólares en siete años. «Pero las multas no parecen ayudar».[11]

«En Gran Bretaña a estos trabajadores clandestinos se les llama "violinistas". Se estima que uno de cada ocho británicos gana un mínimo de 2.200 dólares al año trabajando como pluriempleo y no paga ni un centavo de impuestos sobre los ingresos no oficiales. Según algunos cálculos, la economía sumergida representa cerca del 8% del producto nacional bruto de Gran Bretaña».[12] Aquellos que temen que se sofoquen los incentivos británicos bajo la socialdemocracia pueden animarse. Los británicos están contraeconomizando con las mismas técnicas que los estadounidenses y los europeos, pero hay algunos casos únicos.

---

[9] Ibídem.

[10] Ibídem., p. 54.

[11] Ibídem.

[12] Ibídem.

«Un problema difícil de controlar es el que se produce en las plataformas petrolíferas del Mar del Norte. Muchas empresas británicas y filiales de empresas extranjeras cooperan con el plan gubernamental de pago según sus ingresos y deducen impuestos del salario de los empleados, pero ciertos perforadores se niegan a hacerlo... hasta ahora, unos 8.000 trabajadores no han pagado impuestos sobre sus ganancias. de unos 90 millones de dólares».[13]

Anteriormente se mencionó la contraeconomía transfronteriza con fines de evasión fiscal. Son bien conocidos algunos casos espectaculares de estrellas de cine suecas y estrellas de rock inglesas. He aquí el testimonio de una lumpenburguesa: «Si trabajara en casa, podría ganar hasta 400 dólares a la semana, con los cuales tendría que pagar el alquiler, comprar comida y pagar impuestos. Pero, haciendo el mismo trabajo en Alemania, en Holanda, recibo 700 dólares a la semana más comida y un lugar donde vivir. Tomo mi dinero en efectivo y no pago impuestos a nadie».[14]

Pasando al Tercer Mundo: Argentina lo llama dinero negro (*morocho*), es decir, libre de impuestos, y estima que el 40% de todos los negocios están involucrados.[15] »El director de una empresa constructora resume la situación de esta manera: "No tendrás un martillo blandiendo en ningún lugar de este país a menos que estés dispuesto a pagar dinero negro"». Y en las clases altas: «Un banquero en Buenos Aires», informa, "El apartamento contiguo al nuestro se vendió hace unas semanas por 360.000 dólares, todo en efectivo y dinero negro. No

---

[13] Ibídem.
[14] Ibídem.
[15] Ibídem.

hubo impuestos, ni comisiones de bienes raíces, nada excepto $360.000 en efectivo"».[16]

Si bien la evasión fiscal es relativamente menor en Japón (hasta ahora), la contraeconomía entra donde el sistema educativo estatal monopolista crea «barreras de entrada» artificiales (el término economista que veremos mucho aquí). Para ingresar a las universidades más prestigiosas se requiere el pago de tasas de admisión «por la puerta trasera». «Los padres han pagado el equivalente en yenes de entre 4.600 y 460.000 dólares a los funcionarios escolares para que sus hijos puedan ingresar a la universidad elegida».[17]

Tailandia, cerca del paraíso del mercado negro de Birmania, compensa el cumplimiento de las leyes de Japón. «La división de política fiscal del Ministerio de Finanzas estima que menos del 10% de los 19 millones de trabajadores del país presentan declaraciones de impuestos».[18] Eso es el 90% que no presenta declaraciones de impuestos. Alguien debe estar vigilando a ese 10% como halcones. Sólo para asegurarse de que el incentivo sea jugar y no fingir, «un vendedor de automóviles ofrece a un posible cliente un "precio de amistad" de entre el 10 y el 30 por ciento de descuento sobre el precio de lista si el comprador paga en efectivo y se compromete a olvidarse de cualquier papeleo que los recaudadores de impuestos pudieran utilizar para rastrear la venta».[19]

Volviendo un poco a Italia, encontramos un efecto contraeconómico aún más amenazador para el Estado. ¡Parece que la mayoría de esos seis millones (estimación de 1979)[20] o de

---

[16] Ibídem.

[17] Ibídem.

[18] Ibídem.

[19] Ibídem.

[20] Ibídem.

dos a cuatro millones (estimación de 1977[21]) son los propios trabajadores del gobierno! Trabajando de 8 a.m a 1:30 p.m, los burócratas romanos están bien posicionados para segundos empleos por la tarde.[22]

«"Sí, sé que estoy aceptando un trabajo que alguien más necesita", dice un burócrata del Ministerio de Finanzas italiano que complementa su salario gubernamental de 400 dólares al mes trabajando en una oficina de bienes raíces por las tardes y faltando a su trabajo en el gobierno. por las mañanas si surge algún problema importante. "Pero tengo que cuidar de mi esposa y de mis tres hijos"».[23]

El auge del CB británico y el contrabando de diversos bienes, como drogas, armas y personas, se abordarán en los capítulos correspondientes. Aun así, recuerda que el negocio generado está libre de impuestos: «La Guardia Costera estima que el año pasado se introdujeron de contrabando con éxito por barco a Estados Unidos entre seis y ocho mil millones de dólares en marihuana ilícita».[24] Eso es solo un producto y un método de envío.

Y, sin embargo, «aún no has visto nada». Pasemos ahora al bloque del Este, el Pacto de Varsovia y otras naciones que trabajan bajo el marxismo, el leninismo y sus variantes.

---

[21] Hoagland, J. (1977, 18 de septiembre). «Marea europea de «trabajo negro».» *Manchester Guardian Weekly*, sección del *Washington Post*.

[22] Ibídem.

[23] Ibídem.

[24] «La guerra contra el contrabando de marihuana se está intensificando en alta mar» (1981, 5 de enero). Zodiac News Service.

Contraeconomía bajo el comunismo

Argentina, gobernada principalmente por una dictadura militar, parece tener una contraeconomía próspera, como hemos visto. ¿Existe una diferencia sustancial entre los regímenes «autoritarios» de estatismo de derecha y los regímenes «totalitarios» de estatismo de izquierda, al menos en este sentido? Un paraíso de las drogas como Colombia o Bolivia, plagado de corrupción, puede tener una contraeconomía en auge, pero ¿qué pasa con los países del Tercer Mundo limpiados y reformados por gobiernos marxistas-leninistas? Quizás la pregunta más importante en este área es: ¿puede el poder del Estado llegar a ser tan grande que la contraeconomía, en lugar de crecer como respuesta, sea aplastada?

Vietnam podría responder a todas estas preguntas. Después de todo, ¿no hubo terribles predicciones de catástrofe, mejor dicho, apocalipsis, cuando los comunistas norvietnamitas expulsaron a los estadounidenses de libre empresa? ¿Alguien que haga la distinción entre Estados autoritarios y totalitarios negaría que el Vietnam posterior a 1973 sea de estos últimos? ¿No es Vietnam a la vez «Tercer Mundo» y «Segundo Mundo»?

En julio de 1976, este autor preparo un informe sobre Vietnam y lo definió de la siguiente manera; está incluido en su totalidad.

La «corrupción» que tanto contaminó al régimen de Thieu-Ky y a los sargentos estadounidenses ha infectado a los cuadros de Lao Dong (Partido Comunista) en la Saigón «liberada», según el periodista Patrice de Beer en un artículo de dos partes en la edición semanal inglesa de *Le Monde*, el famoso diario francés.

«Desde el 30 de abril de 1973 no ha caído ni un dólar en las arcas vacías de Saigón, ni un saco de arroz americano ha llegado para paliar la escasez de cosechas», informa Beer. En otro lugar describe la escena del Saigón actual.

«Sin embargo, las calles de la ciudad están repletas de coches y bicicletas motorizadas. Enjambres de prostitutas ejercen su oficio en la antigua calle To Do, y el mercado de ladrones ofrece montones de equipos de música, ventiladores y otros productos estadounidenses traídos de Dios sabe dónde. Incluso me retuvieron durante un cuarto de hora en un atasco mientras intentaba salir de la ciudad».

Beer continúa describiendo el problema de la nueva sociedad: «Algunos miembros de la nueva clase dominante (una fracción muy pequeña, me aseguraron, pero bastante llamativa) están siguiendo los pasos de sus predecesores, proporcionando a las prostitutas una nueva clientela, especialmente en el céntrico Hotel Miramar, ocupado por militares. Los camareros de los restaurantes de lujo se quejan de que los "bodoi" (soldados del Ejército Popular) no son buenos clientes porque no tienen dinero. "Pero los «canbos» son buenos clientes. Son ricos y dan propinas gordas"».

Ahora Beer describe lo que un libertario llamaría una contraeconomía en toda regla: «Se rumorea que las visas de salida cuestan cientos de dólares, la gasolina destinada a armas y uso gubernamental llega al mercado negro, y que se alega que los funcionarios públicos solicitan sobornos a las familias para liberar a un marido o un hermano enviado a un centro de reeducación. Algunos de los dirigentes viven en villas requisadas, tienen coches, compran muebles, televisores y se dejan corromper por la vieja burguesía, que sabe que a la larga su suerte está echada y, por tanto, no está dispuesta a ser optimista. Los que han decidido quedarse están gastando todo lo que tienen. Esto explica la avalancha de restaurantes caros y las compras frenéticas, que están alimentando un estallido inflacionario».

Los estudiantes de economía austriaca sonreirán ante la inversión de causa y efecto de Patrice de Beer en su análisis de la inflación y notarán la descripción clásica de una «huida hacia los bienes reales».

Beer continúa informando acerca de los viciosos chismes sobre los «bodoi» y los «canbos», la investigación de la corrupción por parte de Lao Dong, la hostilidad entre norteños y sureños.

«En cuanto a los norteños, están aturdidos ante la aparente prosperidad del Sur, porque les han dicho que a sus compatriotas les faltaba de todo.

La desmovilización acaba de comenzar y a varios "bodoi" se les han asignado puestos de trabajo en la economía. Todavía se les pide que hagan sacrificios para ayudar a sus "hermanos del Sur", aunque a sus ojos los vietnamitas del sur no parecen estar tan mal».

Al ser un país comunista, Vietnam naturalmente tiene un Plan Quinquenal. Pero suena extrañamente a algo de Ford o Carter: «La llamada política del Sur de "cinco sectores económicos" (estatal, cooperativo, mixto, capitalista y privado) debería continuar durante algún tiempo más. Como señaló Nguyen Huu Tho, el Estado debe «utilizar las cualidades del capitalismo y frenar sus tendencias negativas»... Añadió que era necesario ser «flexibles, muy realistas y poder a veces retroceder un poco». Los principios no se pueden torcer más en una situación en la que oficialmente el país se encamina hacia una economía de tipo socialista. Cabe mencionar que incluso en el Norte existe un sector privado muy activo, apodado el "sector clandestino"».[25]

---

[25] «La contraeconomía en Vietnam prospera». (1978, 1 de agosto). *New Libertarian Weekly* 3(34), p.1, 4.

Eso fue en 1976. Seguramente, eso fue demasiado cerca del final de la guerra con Estados Unidos. ¿Las cosas deben haber cambiado, digamos, cuatro años después?

«La economía es estrictamente un mercado negro. Las tiendas privadas permanecen abiertas, pero son lugares mohosos llenos de platos baratos, imitaciones de laca y tratados políticos adormecedores, todo a precios escandalosos.

«También hay tiendas gubernamentales donde los funcionarios y empleados de empresas gubernamentales compran sus raciones mensuales de alimentos.

«Un trabajador tiene derecho a 13 kilogramos de arroz al mes (poco menos de una libra por día) y la escala desciende hasta el empleado de oficina, a quien se le asigna menos de un cuarto de libra por día.

Rara vez hay suficiente arroz para todos. También hay verduras hervidas y algún que otro trozo de carne de cerdo o de ternera». Se observa un panorama miserable después de siete años de comunismo, como se predijo... salvo por una cosa.

El mercado negro se llama Cho Troi o "mercado del cielo" porque los productos se exhiben al aire libre. Aquí, en las calles laterales y en el mercado central con sus satélites por toda la ciudad, se encuentra la economía colectiva de la ciudad de Ho Chi Minh.

Los precios son temibles, pero el mercado es el único lugar donde se encuentran disponibles artículos tan exóticos como hojas de afeitar, jabón que hace espuma, alimentos frescos, cintas de casete y telas decentes.

La gasolina, a más de 15 dólares el galón, puede ser la más cara del mundo. Esa pequeña hoja de afeitar cuesta 5 dólares y el muy apreciado jabón de tocador estadounidense de la marca Lux, 11 dólares.

En un lugar donde los salarios oficiales promedian menos de 100 dólares al mes, lujos como la electricidad y un teléfono se han convertido prácticamente en objetos de curiosidad.

El mercado negro prospera en la "intershop" oficial, que está abierta a todos los extranjeros y acepta las principales monedas del mundo, pero no el dong vietnamita, que vale 43 centavos al tipo de cambio oficial».[26]

Quizás siete años después de la Revolución no sean suficientes. ¿Qué tal la República Popular China, veintiún años después de su Revolución? «En una redada en Shanghai, la metrópoli más grande de China, la policía arrestó a casi 200 comerciantes del mercado negro en las últimas semanas y confiscó objetos de valor que van desde televisores y casetes hasta manuales matrimoniales y "materiales pornográficos", informó el periódico de *Shanghai Wen Hui Bao*».[27]

¿Cómo se puede llevar a cabo la Contraeconomía en regiones tan increíblemente pobladas? «Aquí la privacidad es inexistente; de modo que incluso un negocio ilícito debe realizarse abiertamente, pero los traficantes del mercado negro son más sutiles que la mayoría. El otro día, en la bulliciosa Zhongshan Road, una gran multitud de jóvenes rodeó a un hombre mayor que tocaba una grabadora Sanyo nueva. Escucharon un rato y luego desaparecieron en un café de la calle lateral. Un joven regresó con la grabadora bajo el brazo. Era evidente que había cambiado de manos en el café.

Otro dispositivo preferido por quienes venden gafas de sol en el extranjero es mantener la etiqueta extranjera en una lente,

---

[26] *Los Angeles Times*, miércoles 23 de julio de 1980, Parte IA, p. 5.

[27] Mathews, L. (1980, 7 de junio). «Los contrabandistas y el mercado negro llegan a medida que China abre sus puertas comerciales al mundo». *Los Angeles Times*, Parte I, 6-7. (El titular es inexacto ya que el artículo demuestra que existe un mercado negro, no que llegó desde cualquier lugar).

que acredite el lugar de origen. Las gafas de sol extranjeras, el último símbolo de estatus para los jóvenes chinos, se venden en el mercado negro con márgenes tremendos, normalmente 25 dólares por un par que cuesta 5 dólares en Hong Kong».[28]

La contraeconomía china no está limitada ni en alcance ni en geografía. «Los bienes de consumo de alta calidad, disponibles aquí sólo en pequeñas cantidades y bajo control gubernamental, representan la mayor parte del comercio ilícito, pero también hay artículos exóticos. Los comerciantes negros han sido atrapados aquí por vender un manual sexual en chino, *Una guía para un matrimonio feliz*. Y la heroína se introduce de contrabando en la provincia de Guangdong desde Hong Kong.

Las actividades del mercado negro prosperan en esta ciudad que marca el ritmo, donde 11,6 millones de personas parecen un poco más prósperas y decididamente más elegantes que la mayoría de los chinos, pero los lugares más serios no son inmunes.

En una campaña hasta ahora infructuosa para detener el comercio ilegal en Beijing, quizás la ciudad más controlada de China, la policía de la capital ha allanado repetidamente el mercado negro de la calle Dongdon. Sin embargo, muchos domingos por la tarde, los jóvenes especuladores todavía se reúnen en el mismo lugar, a menos de un kilómetro del Ministerio de Seguridad Pública, para intercambiar bienes».[29]

Sin embargo, desde el punto de vista contraeconómico, no todas las regiones de China son iguales. (Todas las regiones de, digamos, Estados Unidos, tampoco son iguales económicamente.) Las áreas fronterizas con países «capitalistas» parecen, naturalmente, tener una mejor contraeconomía, al menos en términos de disponibilidad de bienes. «Debido a que está al

---

[28] Ibídem.
[29] Ibídem.

lado de la colonia británica de Hong Kong, la provincia de Guangdong, en el sur de China parece ser el punto de entrada para los productos del mercado negro. También cuenta con lo que fuentes chinas creen que es el mercado negro más grande de China, en Fatshan, a 20 minutos en autobús a las afueras de Guangzhou.

Fatshan está tan repleto de relojes, radios, grabadoras, calculadoras, televisores y otros lujos que es un imán para personas de toda China.

Incluso los agentes de compras oficiales de las comunas rurales, con órdenes de comprar bienes escasos para uso colectivo, recurren a Fatshan cuando se agotan los suministros en las tiendas gubernamentales».[30]

Probablemente, en este punto, uno esperaría que el área cercana a la República de China en Taiwán estuviera plagada de marketing. «Quanzhou, que se encuentra en la costa de la provincia de Fujian, frente a la isla de Taiwán, controlada por los nacionalistas, está repleta de vendedores que venden cigarrillos Dunhill, Viceroy y otras marcas occidentales a precios de entre 65 centavos y 1,30 dólares el paquete. Agachados en las carreteras polvorientas, exponen sus productos abiertamente, pero cierran la tienda y se alejan rápidamente cuando se les acercan las cámaras.

«Otros puestos en las aceras exhiben cintas grabadas por Teresa Teng, una cantante taiwanesa cuyas baladas románticas son éxitos en toda China, aunque nunca ha puesto un pie en el continente. Al igual que el resto de mercancías, las cintas fueron introducidas de contrabando desde Hong Kong, reconoció un vendedor».[31]

---

[30] Ibídem.
[31] Ibídem.

El contrabando se tratará en un capítulo próximamente, pero hay una cosa que debemos comprobar. Después de todo, hay mucha más represión por parte de los comunistas antimercado que de los nacionalistas amantes de la libertad, ¿verdad? «Aunque se han realizado arrestos en ambos lados, los nacionalistas parecen estar mucho más preocupados que el gobierno de Beijing por detener el comercio. El mes pasado se organizó en Taipei una fuerza especial de investigación para investigar las redes de contrabando, dijo un portavoz del gobierno, y se anticipan más arrestos. Bajo la estricta ley marcial de Taiwán, comerciar con "el enemigo", los comunistas, es un acto de traición castigado con largas penas de prisión».[32]

Si hay algún lugar donde el libre mercado podría ser completamente eliminado, tendría que ser Camboya, después de que Pol Pot y las devastaciones adicionales de la guerra lo expulsaran.

«El mercado negro se extiende desde Bangkok, la capital de Tailandia, hasta la ciudad de Ho Chi Minh, antigua Saigón, en el sur de Vietnam. Su centro es esta sucia ciudad de casas destruidas por la guerra y chozas con techos de hojalata hinchadas por transeúntes de casi todas las provincias del país.

«Sisophon está a unas 30 millas de la frontera, donde los comerciantes tailandeses han instalado supermercados al aire libre a los que acuden los camboyanos a pesar de los ladrones ocasionales, los combates en el camino y los guerrilleros que se quedan con una parte del comercio».[33]

---

[32] Mathews, L. (sin fecha, c. 1980) «China y Taiwán toman medidas enérgicas contra los contrabandistas». *Los Ángeles Times*.

[33] Gray, D.D. (1980, 13 de abril). «La red del mercado negro canaliza bienes de consumo a Camboya». Registro de Santa Ana, p. D15.

¿Nada puede detener la actividad de la Contraeconomía? No. «Todo comienza con el cambio de oro en la frontera por la moneda tailandesa, el baht. El traficante camboyano utiliza el baht para realizar sus compras, que luego revenden aquí, normalmente a cambio de oro. Pero esto es sólo el pequeño bucle de un sistema de distribución aparentemente desordenado, pero en realidad muy eficaz.

Ejércitos de ciclistas, con un promedio de 30 millas por día, parten desde aquí a lo largo de las principales carreteras del país, especialmente las rutas 5 y 6 hacia Phnom Penh, la capital. Sacos y cajas abultados están atados a los asientos de las bicicletas, y a veces rollos de tela cuelgan y ondean detrás mientras el comerciante empuja la bicicleta.

Algunos viajan entre sus hogares y la frontera; otros dejan sus productos en los «mercados libres» que prosperan en casi todas las ciudades. Talleres de reparación de bicicletas y puestos de refrescos salpican los bordes de las carreteras para beneficio de los comerciantes que también se desplazan a pie, en carros de bueyes, en motocicletas, en camiones militares y civiles y en tren de Phnom Penh a Battambang, 40 kilómetros al este de la frontera».[34]

Todos conocemos la falta de producción en Kampuchea Democrática… ¿o es la falta del gobierno y no del pueblo de Camboya? «El gobierno de 14 meses ha podido dar poco más que arroz de donantes extranjeros a la población en general, y tiene dificultades para distribuirlo. Así que la mayoría, incluida la mayoría de los funcionarios gubernamentales, deben comprar en el mercado libre, donde se encuentran disponibles medicinas, relojes, ropa, cigarrillos e incluso radiocasetes y motocicletas de fabricación japonesa».[35]

---

[34] Ibídem.
[35] Ibídem.

¿No habrá hambrunas en Phnom Penh, evacuada por Pol Pot y reducida a un comunismo básico y primitivo? «En el antiguo y bullicioso mercado de Phnom Penh uno puede, gracias a la libre empresa desenfrenada, sentarse a disfrutar de un buen pato asado con verduras, cerveza australiana o japonesa enlatada y arroz de ayuda internacional que se ha filtrado en el sistema».[36]

Por supuesto, hubo privaciones en Camboya y mucha gente murió. Pero la Contraeconomía sobrevivió y floreció. Y la Contraeconomía, que no lo olvidemos nunca. es la acción humana, es decir, los humanos actuando. Algunos en Camboya mantienen sus incentivos y actúan contra las peores amenazas que un gobierno puede lanzar y ante todos los ejemplos de amenazas de muerte llevadas a cabo. Son esos empresarios especulativos codiciosos, desalmados, cobardes, que buscan ganancias y que no pueden cuidar de sus semejantes, quienes, según todos los indicios, son los únicos que evitan que Camboya caiga en la hambruna total impuesta por los comunistas de Polonia, amantes de su pueblo, Pot y su oponente igualmente comunista, Heng Samrin.

Quizás la ironía final es que no sólo el mercado de derecha de Tailandia abastece a la Contraeconomía camboyana, sino también a la Contraeconomía del aliado de Samrin: ¡el propio Vietnam! «Aunque la mayor parte del comercio se realiza con Tailandia, también existe un importante comercio bidireccional con Vietnam. Bienes de consumo como té, jabón, fruta y piezas de bicicletas llegan a Camboya. Pero los vietnamitas, que a veces vienen en camiones para entregar ayuda o suministros para sus fuerzas, también transportan productos tailandeses que compran a los camboyanos con oro».[37]

---

[36] Ibídem.

[37] Ibídem.

La contraeconomía en el segundo mundo

Hay una última posibilidad que debemos excluir antes de concluir que la Contraeconomía no puede ser suprimida sino que prosperará bajo un estatismo aún mayor. Quizás todos los Estados comunistas asiáticos o sudamericanos (cubanos) sean demasiado nuevos, demasiado orientales (lo que suele significar propensos a la corrupción) o latinos, o simplemente demasiado débiles para hacer frente a la poderosa riqueza del capitalismo mundial. Si algún lugar responde a estas objeciones, son las naciones del Pacto de Varsovia, el bloque del Este, donde la Unión de Repúblicas Socialistas Soviéticas tiene mucha más influencia en nombre de Marx y Lenin que la capitalista OTAN y sus lacayos.

Polonia es considerada anómala debido al auge de Solidaridad, por lo que será aceptada como un mal ejemplo para nuestra prueba. Sin embargo, el ascenso de Solidaridad debe atribuirse entonces al argumento contraeconómico, ya que se organizó y atacó desafiando todas las leyes polacas. De hecho, la mayoría de los sindicatos, incluso en Estados Unidos, comenzaron de manera contraeconómica. (En qué se convirtieron y por qué se deja para más adelante).

En 1976, Polonia experimentó una agitación masiva que disminuyó hasta el ascenso de Solidaridad. «El primer ministro de Polonia ordenó aumentos de precios de productos básicos, alimentos, ropa, etc., en las tiendas estatales. Inmediatamente, manifestaciones de consumidores inundaron las calles, similares a las que derrocaron al Primer Secretario Gomulka y trajeron al actual dictador Edward Gierek. En 24 horas, el primer ministro de Gierek suspendió sus propias órdenes.

«Un factor que no se mencionó en la mayor parte de la cobertura de prensa fue que estos mismos productos estaban disponibles hasta cierto punto en varias tiendas privadas permitidas y en el mercado negro generalizado. *The Guardian* señaló que el precio contraeconómico era más alto que el precio estatal incluso después del aumento oficial de precios, pero el negocio va bien».[38]

Entonces, ¿hasta qué punto el estable bloque del Este está libre de la contraeconomía? «A los rumanos, a diferencia de los polacos, no se les permite oficialmente poseer moneda extranjera, pero esto no impide que los inevitables cambistas acosen a los extranjeros en las calles. El tipo de cambio del mercado negro se ha disparado desde que comenzó la crisis polaca y ahora es cinco veces el tipo oficial, o más; la moneda más codiciada en Rumania es un paquete de cigarrillos extranjeros (preferiblemente Kents). En una práctica que constituye la punta fina de la cuña de soborno y corrupción –una parte integral de la vida en Europa del Este– se desliza un paquete de cigarrillos al jefe de camareros, y comida y bebida, que cinco minutos antes estaban fuera del menú, milagrosamente reaparecen. La policía detiene a un empresario extranjero que vive en Rumanía pero conduce un coche matriculado en el extranjero. Un paquete de cigarrillos y unos documentos que un momento antes eran sospechosos están de repente en orden. Esos paquetes de cigarrillos vuelven a cambiar de manos por alimentos de venta libre, por ropa de calidad y por reparaciones en el hogar. Y engrasan las ruedas de la burocracia».[39]

---

[38] «El libre mercado rompe los regímenes rojos» (1976, 25 de julio). *New Libertarian Weekly* 3(33), p. 1.

[39] Masterman, S. y Koene, A. (24 de agosto de 1981). «Una nación embarcada en un viaje peligroso: con inquietantes reminiscencias de Polonia, la creciente tensión amenaza al opresivo régimen de Ceausescu». *Macleans* 94(34), p. 11.

En realidad, gran parte de la Contraeconomía del Este funciona como la de Europa Occidental descrita anteriormente: «El sistema implica segundos y terceros empleos, muchos de ellos realizados con moneda occidental, que a su vez puede usarse para comprar lujos. En Hungría, Polonia y Checoslovaquia, la segunda economía se ha vuelto tan dominante que muchos trabajadores han llegado a dedicar más tiempo y energía a ese sector que a sus empleos habituales.

«Los trabajadores de la construcción en Checoslovaquia y Hungría rara vez se encuentran en sus trabajos habituales después de la hora del almuerzo. Están en su segundo o tercer trabajo».[40]

¿Quieres comprar un coche en Hungría pero el Estado te dice que no? «Una ama de llaves de un hotel de Budapest contó cómo, a pesar de la reciente represión policial, todavía podía encargar un nuevo modelo de automóvil Lada de fabricación soviética a un proveedor clandestino local, con entrega en un mes, por un precio 50% más alto que el precio oficial.

«Su proveedor, a quien le presentó cautelosamente a un corresponsal occidental, dijo que el sistema funcionaba con la connivencia de los distribuidores oficiales. Encuentran clientes que han estado en lista de espera durante dos o tres años, pero que están dispuestos, por un precio, a renunciar a su coche nuevo y empezar de nuevo la espera».[41]

Algunos contraeconomistas orientales parecen tener mejores resultados que los trabajadores del «mundo libre», pues vencen a la inflación (pero en realidad los occidentales también luchan contraeconómicamente contra la inflación, como veremos en el capítulo cinco). «Cuando los precios al consumidor

---

[40] «La segunda sociedad crece en Europa». (1979, 2 de noviembre). *New York Times*.

[41] Ibídem.

subieron un 50% o más en Hungría este verano, un carpintero de una fábrica de tractores dijo que podría afrontarlo fácilmente. Su salario aumentó menos del 10%, pero sus honorarios por los finos trabajos de ebanistería que realiza durante las noches y los fines de semana se duplicaron».[42]

Los húngaros tienen sus trabajadores emprendedores, sus *travail noir* y sus *schwarzarbeiters*. «Luego están los "gorriones", término utilizado en Hungría para referirse a los trabajadores altamente cualificados que revolotean de un trabajo a otro, aumentando sus salarios en incrementos constantes a medida que la demanda cambia de una empresa a otra».[43]

Y en educación competitiva, dependiendo de la Contraeconomía, los orientales bien pueden estar por delante de Occidente. «En Polonia esto ha adquirido una nueva dimensión: las "escuelas secundarias voladoras" difunden temas prohibidos. Estos van desde el gobierno del terror del líder polaco de la era estalinista, Boleslaw Bierat, hasta la economía de Milton Friedman y Paul A. Samuelson».[44] Como siempre, preguntamos cómo funciona.

«Si bien estas conferencias pueden llegar sólo a unos pocos miles de los 100.000 o más estudiantes universitarios de Polonia, la influencia de dichas ideas es mucho más amplia. Varios hombres y mujeres jóvenes estaban grabando una conferencia de un historiador clandestino, Adam Michnik, celebrada en un apartamento oscuro en los suburbios de Varsovia.

«"Mis compañeros de cuarto tienen demasiado miedo para venir", dijo uno de ellos. "Pero quieren oírlo, así que lo grabo y lo escuchan más tarde"».[45]

---

[42] Ibídem.
[43] Ibídem.
[44] Ibídem.
[45] Ibídem.

¿Por qué y cómo puede la Madre Rusia permitir esta libre empresa desenfrenada en sus satélites estrechamente custodiados? ¿O la Contraeconomía también ha dejado encallado el Telón de Acero más profundo? Esa historia merece un capítulo aparte.

Capítulo tres

LA CONTRAECONOMÍA SOVIÉTICA

Una premisa importante de la teoría contraeconómica es la siguiente: cuanto mayor sea la intervención del gobierno en la economía, mayor será la Contraeconomía. De hecho, a medida que hemos pasado de los «gobiernos limitados» de América del Norte a las «economías mixtas» del resto del mundo, la actividad contraeconómica ciertamente no ha retrocedido. La contraeconomía, además, predice que los estados totalitarios deberían llevar a cabo casi toda la actividad económica (de hecho, toda la acción humana no política e incluso gran parte de la política) fuera del área sancionada por el Estado. Así pues, una prueba positiva de nuestra teoría sería examinar con cierto detalle un Estado totalitario y observar el grado de actividad contraeconómica.

Conviene hacer una pequeña salvedad, aunque veremos que apenas es necesaria para nuestra prueba. La teoría económica que constituye el nivel más básico de nuestra comprensión predice que ningún Estado puede alcanzar el control totalitario. De hecho, este autor descubrió la contraeconomía cuando seguí esa idea hasta llegar a nuevas conclusiones. Pero todos los llamados Estados totalitarios (el Tercer Reich, la Rusia soviética, la República Popular China e incluso Camboya)

61

en realidad permitieron y siguen permitiendo cierta propiedad «privada» y cierta libertad de comercio.

Sin embargo, la mayoría de los observadores concederán que hay una intervención estatal considerablemente mayor en, digamos, la Unión de Repúblicas Socialistas Soviéticas que en Estados Unidos. Por lo tanto, también debería haber más contraeconomía.

Profundicemos un poco más en este punto. El conservadurismo estadounidense predice que el espíritu empresarial casi debería extinguirse bajo un estado comunista totalitario, excepto por unos pocos contrabandistas de Biblias. El liberalismo y el socialismo democrático podrían predecir cierta resistencia al comunismo, pero esta tomaría la forma de disidentes intelectuales y sindicatos clandestinos que emergerían en organizaciones estilo «Carta 77» y «Solidaridad». Incluso lo que hoy en día pasa por libertarismo predice menos, en lugar de más, actividad de «libre mercado» en la oscurecida URSS que en los relativamente ilustrados Estados Unidos. Así que si la contraeconomía contradice todas las predicciones de estas ideologías (y lo hace), uno tiene una rápida decisión científica al respecto de su respectiva vigencia.

¿Qué dice la realidad? Hemos visto una fuerte indicación en nuestro último capítulo sobre Europa del Este, China e Indochina, pero necesitamos una mirada mucho más prolongada y detallada a uno de esos países. Y si la Contraeconomía está en auge en la Unión Soviética, el «caso más difícil» para nuestra teoría, ¿dónde están entonces los millonarios? Salvo uno o dos comisarios corruptos (incluso la línea del Partido Comunista permitirá tal imperfección), ¿quién ha oído hablar de los cerdos millonarios capitalistas rusos en los años 1980?

Consideremos esto: «Hace unas semanas, el *Manchester Guardian Weekly* informó que varios millonarios contraeconómicos fueron arrestados en sus complejos turísticos y dachas del Mar Negro. Casi todos los funcionarios del gobierno de Armenia también fueron atrapados y quebrados por el Partido Comunista y denunciados por la prensa. Los burócratas armenios habían estado involucrados en una importante «red» del mercado negro y gris. (Armenia tenía regulaciones algo más flexibles y se permitía más propiedad privada que en Rusia)».[1]

Se puede argumentar que Armenia no es Rusia propiamente dicha, aunque sí una «República Socialista Soviética». Por otra parte, los contraeconomistas armenios fueron arrestados. ¿Qué tal la vecina Georgia?

«El mercado paralelo representa una enorme estructura económica, a la vez independiente y asociada a la economía oficial soviética. Este sector privado penetra en todos los segmentos de la sociedad soviética. Las personas activas en el mercado paralelo varían, desde pequeños especuladores que venden ropa de moda hasta personas de verdadera influencia y riqueza, como el famoso capitalista clandestino georgiano Laziashvily, cuyas conexiones incluyen bastantes altos funcionarios».[2]

¿Qué pasa con la propia Rusia? «Recuerdo particularmente a uno de esos enérgicos clientes, Abram Aizenberg, un hombre corpulento cuyos movimientos expresaban seguridad en sí mismo. Tenía unos 70 años y era propietario de dos fábricas de calcetería y ropa interior que le proporcionaban unos ingresos anuales de varios cientos de miles de rublos. A lo largo de los años había acumulado un capital que los investigadores estimaron en tres millones de rublos».[3]

---

[1] «El libre mercado quiebra los regímenes rojos» (1976, 25 de julio). *Nuevo Semanal Libertario* 3(33) p. 1.

[2] Simes, D.K. (1975). E*l mercado paralelo soviético.* Washington, DC: Centro de Estudios Estratégicos e Internacionales, Universidad de Georgetown, p. 25.

[3] Simes, D.K. (29 de junio de 1981). *Los millonarios clandestinos de Rusia. Fortune,* p. 37.

«Después de la Segunda Guerra Mundial, los tres hermanos Glazenberg fueron desmovilizados, regresaron a Moscú y pronto se dieron cuenta de que no podían contar con el hecho de que fueran veteranos para recibir ayuda y encontrar un buen trabajo; eran judíos, con la prohibición de ocupar todos los puestos destacados en el partido y en los aparatos estatales. Incluso los ingenieros judíos tuvieron dificultades para encontrar empleo en la industria». Si bien algunos pueden cuestionar la pureza étnica de los empresarios en cuestión, nuestro reportero ruso está hablando de Moscú.

«Los hermanos Glazenberg se dedicaron al negocio clandestino. Al salir del ejército, cada uno de ellos recibió la gran suma concedida a los oficiales desmovilizados (unos 5.000 en rublos actuales) y adquirió un único taller en una fábrica para producir bolsas de compras de cuero artificial.

Resultaron ser empresarios talentosos, y en pocos años su empresa poseía al menos diez fábricas de cuero artificial, artículos de cuero artificial y todo tipo de productos de fibras sintéticas».

Por supuesto, el conocimiento de sus actividades proviene de su exposición pública, arresto y procesamiento. «Una empresa que operaba a tan gran escala no podía escapar a la atención del DCMSP (Departamento de Lucha contra la Apropiación Indebida de la Propiedad Socialista, el brazo de la policía soviética encargado de combatir los delitos económicos) de Moscú. De hecho, el DCMSP, con su bien desarrollada red de informantes secretos, mantuvo un expediente especial sobre la empresa de los Glazenberg».[4]

¿Cómo pudieron estos empresarios rusos durar tanto tiempo como para tener éxito? «Durante algún tiempo, esto no inhibió en absoluto a los atareados empresarios, ya que pagaban a

---

[4] Ibíd., pp. 38-39.

los jefes del DCMSP, ofreciéndoles un bálsamo mensual de entre 5.000 y 10.000 rublos». ¿Y cómo los atraparon? «Un día, sin embargo, un oficial inferior del DCMSP filtró la historia a un conocido periodista de Izvestia, quien comenzó a examinar el material sobre la empresa de los hermanos. En estas circunstancias, los jefes del DCMSP no pudieron salvar a los Glazenberg, más allá de advertirles inmediatamente del peligro inminente, para que tuvieran tiempo de ocultar su dinero y objetos de valor».

Entonces, ¿cómo trató la despiadada, inhumana e infame policía secreta soviética con estos capitalistas? «Golpeado por las presiones contrarias, un alto funcionario del DCMSP decidió, al estilo salomónico soviético, que 1.) el expediente incriminatorio desaparecería de los archivos del DCMSP y 2.) el hermano menor de Glazenberg, Lazar, tendría que ser sacrificado, al menos en parte, a causa de su estilo de vida *playboy*, reflejado en sus dos docenas de trajes y el guardarropa de su esposa, una bailarina del teatro Bolshoi».

Uno se pregunta, llegados a este punto, si las masas proletarias denigrarían o simplemente ignorarían a este burgués expuesto. «El primer día del juicio de Lazar, la sala del tribunal estaba llena de curiosos, ansiosos por ver a un millonario. Lo que vieron fue un hombre alto, de unos 40 años, de hermosos rasgos y una melena completamente gris. Lazar Glazenberg caminaba, como se supone que deben caminar los prisioneros, entre dos escoltas, con las manos cruzadas detrás de la espalda y cojeando sobre la pierna artificial que reemplazó la extremidad que había perdido en la guerra. Pero saludó afablemente a amigos y parientes entre la multitud».

Sin embargo, como todos han coincidido, la URSS es una sociedad particularmente intervencionista y represiva. Nuestro Horatio Algerov fue sentenciado y fusilado, ¿no? «Tres meses después salió de la sala del tribunal con la misma calma, después de escuchar su sentencia: 15 años en campos de régimen estricto». Este es el hogar de los juicios de purga de Stalin, donde los altos funcionarios comunistas (la nueva aristocracia rusa) son periódicamente detenidos y fusilados.

Un empresario más valiente podría haber sobrevivido y haberse considerado a sí mismo como un líder. Desgraciadamente, Lazar Glazenberg había «servido a su país» sobre una extremidad defendiendo la Patria. «Es casi imposible que una persona con una sola pierna sobreviva 15 años en un campo así. Murió siete años después de su juicio».[5] Antes de que uno busque el pañuelo para esta típicamente irónica tragedia rusa, recuerda que el resto de la familia se salió con la suya con su riqueza y, obviamente, el suficiente capital para seguir adelante.

¿Fueron entonces los Glazenberg un ejemplo aislado? Incluso si se supone que la mayoría no son capturados ni denunciados, todavía hay muchos que sí lo fueron. Es decir, hay muchos más en el lugar de donde vinieron.

«Entre otras importantes empresas familiares clandestinas, el clan Bach ocupaba un lugar destacado en Moscú, tanto por la escala de sus actividades como por el volumen de sus activos. El miembro mayor y jefe del clan era Isaak Bach».[6]

Lo único que tienen que hacer los representantes del proletariado es liquidar a la clase explotadora para liberarse de ella, dice el marxismo. «He aquí un hombre de negocios de la vieja generación: antes de la Revolución, había saboreado los placeres del comercio legal en la empresa de su padre. Durante la Nueva Política Económica después de la Revolución, cuando se permitió la empresa privada por un corto tiempo, sus habilidades comerciales se desarrollaron plenamente. Las tiendas de mercería y ropa interior femenina de Bach & Sons

---

[5] Ibídem.
[6] Ibídem.

se ubicaron entonces en la calle Kuznetsky Most de Moscú, entre las tiendas más caras y de moda de la ciudad. Pero la Nueva Política Económica pronto liquidó la empresa, confiscó sus mercancías y envió a sus jefes a los campos de las islas Solovetsky».

Ese es el fin de los incentivos y el capital de Bach, ¿verdad? «Cuando Bach regresó de los campos a mediados de la década de 1930, se propuso crear una nueva empresa familiar, esta vez ilegal. A finales de la década de 1940, Isaak Bach, nominalmente un humilde supervisor de taller en una fábrica de cremalleras e imperdibles por 160 rublos al mes, era jefe de una empresa propietaria de al menos una docena de fábricas que fabricaban ropa interior, recuerdos y artículos de tocador, y operaba una red de tiendas en todas las repúblicas de la Unión Soviética. Tenía un patrimonio valorado por el perito de la acusación en aproximadamente 87 millones de rublos».[7]

Parece evidente que no hay escasez de millonarios rusos. De hecho, al igual que los jugadores de póquer, podemos «ver los 87 millones» y «subir a 200 millones», superando ejemplo con ejemplo.

«En la década de 1960, dos miembros de la generación más joven de ese clan, Boris Roifman y su primo Peter Order, fueron capturados por la KGB. Ambos llevaban unos diez años trabajando en negocios clandestinos. Uno entregó a las autoridades objetos de valor por valor de unos 200 millones de rublos y el otro unas tres cuartas partes de esa cantidad». ¿Ver y recaudar los 200 millones? «Si tres miembros relativamente jóvenes del clan Roifman hubieran amasado 350 millones de rublos, ¿a cuánto ascendería la fortuna de toda la familia después de décadas en el negocio?»[8].

---

[7] Ibídem.
[8] Ibídem.

Estos barones ladrones de la década de 1960 en Rusia tampoco carecían de estilo o garbo en comparación con sus antepasados estadounidenses de la década de 1880. «El investigador jefe de la oficina central de la KGB preguntó al más rico de los dos: "¿Para qué necesitabas 200 millones de rublos?". Peter Order respondió, con una muestra de valentía: "¡Sólo 200 millones! Quería ganar 220 millones: un rublo por cada ciudadano soviético"».[9]

Volviendo más adelante a los millonarios rusos, y a cómo se las arreglan para disponer de sus ingresos, la verdadera pregunta para un economista (contrario o no) es ¿dónde encuentran su mercado?

El mercado real ruso

La Contraeconomía prospera en América del Norte principalmente en áreas de «frutas prohibidas» y en aquellas donde se cobran impuestos hasta matar. En Europa y Asia también podemos agregar la superación de las restricciones al comercio de bienes extranjeros que, de otro modo, serían legítimos: el proteccionismo y su complemento, el contrabando. Pero en el Segundo Mundo de los estados comunistas surgen otras dos fuentes: la calidad y confiabilidad de los bienes de consumo para negros y su disponibilidad, algo que la mayoría de los norteamericanos dan por sentado.

«El mercado paralelo no sólo ofrece ropa mejor, normalmente de fabricación extranjera, o ediciones raras de autores populares, sino que también proporciona a los ciudadanos soviéticos en condiciones de pagar una mejor atención médica, mejor educación y formación, mejores vacaciones, mejor decoración interior para sus apartamentos, mejores instala-

---

[9] Ibídem.

ciones para cuidar niños, mejores transportes, incluso documentos de identificación, diplomas y otros papeles de valor. Es más, no sólo los particulares, sino también las empresas gubernamentales, agencias y granjas colectivas utilizan con frecuencia los servicios del mercado paralelo en sus esfuerzos por obtener equipos, repuestos, mano de obra y experiencia profesional».[10] Consideremos el problema –como lo es en la URSS– de conducir un automóvil. Recuerda, mientras lees el siguiente bosquejo, que, para empezar, los automóviles escasean y probablemente requieran un soborno para obtenerlos. Ahora intenta ponerte al volante de ellos sin la Contraeconomía.

«En la Unión Soviética hay escasez de estaciones de servicio, y las que existen simplemente no tienen repuestos. Un amigo mío pasó un mes intentando comprar un parabrisas para su Moskvitch. Todo en vano.»

A diferencia de lo que sucede con la policía, suele haber un contraeconomista cuando se lo necesita. «Finalmente llegó a una pequeña calle, cerca de una planta de automóviles en Moscú, donde se le acercó alguien que se presentó como un trabajador de esa planta y le prometió entregarle el parabrisas el mismo día a cambio de una compensación razonable, incluso menos que la oficial. No hace falta decir que el trabajador cumplió su promesa».[11]

En la Contraeconomía también se obtiene lo que se paga, por lo que la confiabilidad es importante para atraer consumidores. (Por supuesto, los gobiernos de todos los países gastan fortunas en propaganda para convencer a uno de la falta de confiabilidad de los traficantes del mercado negro y de la infalible confiabilidad de los servicios gubernamentales.)

---

[10] Simes, D.K. *op. cit.*, p. 70.
[11] Ibídem.

Aquí abundan los ejemplos. «El propietario de un automóvil en Armavir, en el sur de Rusia, envió una carta a una revista para conductores informando que en una estación de servicio le habían negado ayuda. «Pero entonces un trabajador que estaba cerca intervino: que lo traiga», digo. Lo arreglaré rápidamente." Y el mecánico de orejas afiladas realizó el trabajo en el acto y le costó seis rublos. "Cinco rublos para mí y uno para la caja"».[12] Seis rublos serían baratos en un taller estadounidense.

Y de nuevo: «Otro conductor, de la ciudad de Eupatoria en Crimea, se quejó de que, aunque aparcó su coche primero en la estación de servicio, los empleados no le prestaron atención y comenzaron a inspeccionar otros coches, que llegaron más tarde, presumiblemente porque los conductores habían prometido buenas propinas. Sus protestas no sirvieron de nada y, según la carta de este cliente, lo que vio y escuchó allí le hizo preguntarse si se trataba de una empresa estatal o de una empresa privada».[13]

Obviamente fue lo último. Algunos pueden encontrar alentador que exista un paraíso donde las masas sepan cómo despreciar a un respetuoso de las leyes económicas... aunque es posible que Rusia no haya estado donde pensaban buscarla. Pero se pasa por alto un punto importante en el primer ejemplo si se ignora la necesidad de realizar el negocio de manera contraeconómica.

«Miles de ejecutivos de empresas han sido encarcelados por presuntas violaciones de la legislación soviética. Muchas de estas pruebas le parecerían bastante peculiares a un extranjero. El caso es que, en bastantes casos de este tipo, ni siquiera la fiscalía insistió en que los acusados se quedaran con un cen-

---

Ibídem., p. 7.
Ibídem.

tavo. Los acusados robaban, vendían en el mercado paralelo y compraban bienes robados, no para hacer fortuna, sino simplemente para conseguir los suministros necesarios para sus empresas y granjas colectivas».[14]

Esta última afirmación, sin duda, es devastadora. De ser cierto, la realidad del mercado ha destrozado la fachada del comunismo, como les gusta decir a los marxistas, objetivamente. Y esta realidad penetra hasta los más mínimos detalles.

«*Literaturnya Gazeta* habla de dos presidentes de granjas colectivas, condenados por comprar bienes robados a ladrones. Uno compró tuberías que necesitaba desesperadamente para un cobertizo para la tripulación; el otro, cajas para envasar manzanas. Es significativo que en ninguno de los casos hubiera ningún beneficio personal involucrado. Es de suponer que ambos presidentes de las granjas colectivas no tuvieron la posibilidad de conseguir tuberías y cajas a través de los canales normales de suministro estatales. Uno de estos presidentes preguntó más tarde, desesperado: ¿qué es más criminal: pagar miles de rublos a ladrones o perder una cosecha? Esta era la verdadera alternativa a la que se enfrentaba».[15]

En un enfrentamiento entre las fuerzas objetivas del mercado y las fuerzas subjetivas de la ideología estatista, las primeras son tan inexorables como se supone que lo son las «fuerzas de la historia» para un marxista. «Había una carnicería cerca de un lugar donde yo vivía en Moscú. Durante muchos años, esta tienda fue conocida por tener una selección de carnes inusualmente buena. Pero, de repente, los filetes, las piernas de cordero y otros artículos raros desaparecieron. *Salesmen* contó la historia de un viejo director, un judío sin educación secundaria pero bien adaptado a las reglas no oficiales del

---

[14] Ibídem., p. 16.
[15] Ibídem., p. 17.

comercio soviético, que fue reemplazado por un graduado del Instituto Económico de Plejánov. El nuevo director declaró que no toleraría ninguna violación de la ley en su tienda. Se negó a sobornar a los funcionarios de los almacenes del distrito y, en consecuencia, casi se cortó el suministro de carne. Los vendedores ya no podían ganarse la vida cobrando honorarios de clientes agradecidos para quienes antes guardaban buenos trozos de carne. Anteriormente, habían compartido sus ingresos clandestinos con el ex director, proporcionándole reservas muy necesarias de efectivo no registrado. Ahora la práctica fue detenida. Pero, sin efectivo gratis, el director no pudo pagar a los camioneros por descargar sus camiones y los conductores se negaron a hacerlo gratis».

Y así el mercado respondió a los pronunciamientos ideológicos del director. «Tanto los camioneros como los vendedores, enfadados por las nuevas regulaciones, comenzaron a quejarse ante el comité distrital del partido. El ex director se encargaría fácilmente de tales acusaciones, sobornando simplemente a los funcionarios del comité del distrito. Pero el nuevo se encontró en verdaderos problemas. Es más, sin suministros de buena carne, su tienda no estaba cumpliendo el plan. Todos estaban seguros de que pronto el director sería despedido». ¿Un final feliz para este cuento? «Pero eso no sucedió. Por el contrario, reaparecieron en la tienda filetes, corderos, perdices. No había necesidad de preguntar cómo sucedió. Estaba claro que el joven economista finalmente aprendió las verdaderas reglas del comercio soviético que no le habían enseñado en el Instituto Plejánov».[16]

---

[16] Ibídem., p. 18.

Cómo está hecho

El más simple de los estudios económicos nos informa que se necesitan clientes, mano de obra y bienes de capital. Uno puede utilizar su propio trabajo, tomar bienes disponibles, digamos, en la fábrica donde aparentemente trabaja, y encontrar clientes entre los transeúntes, familiares y amigos. Esto se hace en la Unión Soviética como en todas partes. Pero los casos más interesantes, que documentan la actividad contraeconómica a gran escala, necesitan redes de distribución, trabajadores contratados y comercio con otros para bienes de capital (producción). ¿Cómo se hace eso hoy en Rusia?

Se puede comprar un negocio existente, pero ni siquiera eso es sencillo «cuando los propietarios-vendedores no tienen derechos ante la ley».[17] De hecho, se compra una red de conexiones y la confianza de esos contraeconomistas. Pero se puede hacer, con la importante asunción de un riesgo razonable, y se hace.

«Evidentemente, el posible comprador no tiene forma de evaluar previamente la producción, las ventas o los ingresos potenciales de la empresa. Por lo tanto, la compra y venta de empresas clandestinas sólo puede tener éxito en una atmósfera de total confianza entre todas las partes y de respeto por las leyes no escritas del medio. En esta atmósfera, el comprador entrega al vendedor, sin recibo ni testigos, decenas, a menudo cientos, de miles de rublos. En caso de que las partes no confíen entre sí, el dinero se transfiere a un tercero en el que ambos mandantes confían, y este lo pasa al vendedor sólo cuando se han cumplido todas las condiciones de la venta».[18]Aquellos que estén familiarizados incluso superficialmente con los negocios

---

[17] Simes, D.K. *op. cit.*, p. 40.
[18] Ibídem, p. 41.

occidentales pueden notar que, salvo por el mayor riesgo de un Estado hostil, el método es similar al que se practica en Occidente. De hecho, todas las actividades económicas pueden practicarse de forma antieconómica cuando los riesgos son aceptables.

La fascinación de la Contraeconomía, además de la que surge de su naturaleza más libre que la de los negocios aprobados, regulados y controlados, proviene de la modificación de las prácticas comerciales estándar, cualesquiera que sean, a medida que cambian en el tiempo y el espacio. Como hemos visto y veremos, es muy posible que las modificaciones para reducir el riesgo o incluso la burla abierta sean más baratas —mucho más baratas— que la sumisión y el cumplimiento. Las implicaciones de esto serán tratadas al final del libro.

Es difícil profundizar en la maquinaria interna de las empresas contraeconómicas a gran escala. Los que ya existen tienen pocos incentivos para «desvelar su tapadera» incluso en las publicaciones occidentales, que, después de todo, están fácilmente disponibles y escaneadas por la KGB, si no por el DCMSP. Pero el caso de Lazar Glazenberg reveló el funcionamiento de esa operación de tamaño medio que, aunque finalmente fracasó, funcionó con éxito durante mucho tiempo. Los hermanos Glazenberg, por cierto, incluso tenían una junta directiva.[19]

Aquí, con gran detalle, dado que se demuestra el núcleo de nuestro caso, se explica cómo funcionó:

«La posición de quienes estaban oficialmente a cargo de las fábricas que albergaban las empresas de los Glazenberg era inusual: no ejercían ningún control sobre la producción y las actividades económicas de sus empresas, siendo este control asumido por los Glazenberg o sus gerentes designados. Las

---

[19] Ibídem.

funciones de los directores oficiales eran puramente decorativas y se reducían al enlace con los órganos del partido y del Estado. A través de agentes de confianza, los Glazenberg les pagaban normalmente entre 500 y 1.000 rublos al mes, dependiendo del tamaño de la empresa y de la utilidad del director. Una de sus operaciones se realizaba bajo la tapadera de Fisherman-Sportsman Sporting Goods Co. en Moscú, y pagaban a su director 1.500 rublos al mes porque ostentaba el importante título de Héroe de la Unión Soviética».[20]

Hasta aquí los «jefes». ¿Qué pasa con la clase trabajadora? «Evidentemente, en la fabricación de bienes de segunda mano también se necesita la complicidad de muchos trabajadores manuales. Es casi imposible reclutar toda una fuerza laboral sobre la base de una confianza total, pero el sistema Glazenberg ideó sus propios incentivos. Los trabajadores sabían muy bien que los bienes se producían de forma ilegal, pero estaban interesados en el dinero extra que se pagaba por la producción a mano izquierda: tasas más altas que las oficiales y no sujetas a impuestos».[21]

¿Y qué hay de los bienes de capital necesarios? «Los hermanos Glazenberg cooperaban con otras empresas clandestinas: empresas clandestinas de Moscú, Vilna y Riga fabricaban cierres para bolsos, botones para chaquetas de cuero y etiquetas según sus especificaciones. Pero la principal fuente de materiales (y aquí los Glazenberg no se diferenciaban de otras empresas clandestinas) era la propia fábrica: materiales ahorrados de lo que la fábrica recibía para su producción oficial, es decir, materiales robados al Estado».[22]

---

[20] Ibídem.
[21] Ibídem.
[22] Ibídem.

El Estado soviético estaba particularmente interesado en este supuesto robo; después de todo, utiliza medios notablemente similares, moralmente hablando, para adquirir esos bienes en primer lugar (como lo hacen todos los estados). Podemos agradecer al diligente fiscal por el resto de nuestra información.

«La cantidad de mercancías no registradas producidas a partir de estos materiales "guardados" provocó las principales discusiones entre la fiscalía y la defensa durante el juicio. El punto era vital para los acusados, ya que la cantidad de materiales ahorrados para la producción a mano izquierda determinaría la gravedad de las sentencias en su contra: desde 15 años de prisión hasta la muerte.

«La acusación pudo demostrar que las reservas estaban preparadas de antemano para producir excedentes secretos. En las etapas de planificación para la producción de un nuevo producto, los Glazenberg negociaban con la gente de los laboratorios o institutos responsables de establecer las normas de la fábrica para los nuevos materiales necesarios, así como para el desperdicio permitido. A cambio de grandes sobornos, estos técnicos inflaron deliberadamente las normas de uso y desperdicio, permitiendo así la creación de enormes excedentes para la fabricación de mercancías no registradas.

«Durante el proceso de fabricación se realizaron otros tipos de economías secretas. Los peritos declararon ante el tribunal que habían medido abrigos y chaquetas fabricados legalmente en la fábrica, y las medidas no coincidían con las tallas de las etiquetas, porque los cortadores de la fábrica habían reducido el tamaño de cada pieza del patrón. Los químicos declararon que habían analizado el cuero artificial producido legalmente en la fábrica de Glazenberg: las cantidades de colorantes y otros ingredientes no cumplían con las especificaciones oficiales».[23]

Finalmente, sigamos un poco más con los Glazenberg y resolvamos el último y crucial problema: la distribución.

«Se podría pensar que en un país como la Unión Soviética, donde el comercio, tanto al por mayor como al por menor, es un monopolio estatal, la comercialización a gran escala de mercancías de segunda mano simplemente no sería factible. Los Glazenberg demostraron lo contrario. Cuando los hermanos empezaban en el negocio y su único producto eran las bolsas de la compra, fue fácil solucionar el problema de cómo vender las bolsas de la izquierda. Los empleadores de las tiendas que vendían la producción de la fábrica estaban muy dispuestos a aceptar también para la venta una cierta cantidad de bolsas producidas ilegalmente. De los beneficios, un tercio se destinó a los empleados de la tienda y dos tercios a los Glazenberg.

A medida que el negocio crecía y se ampliaba la gama de productos, los puntos de venta de los Glazenberg también tenían que crecer. A través de conexiones de amigos y familiares, agregaron a su red tiendas que no habían sido abastecidas con la mercancía oficial de su fábrica. Con el tiempo, incluso esta red de minoristas resultó demasiado pequeña para el imperio Glazenberg. Por eso se creó un grupo especial de marketing para viajar por el país y, en poco tiempo, organizar puntos de venta en 64 ciudades y regiones».[24]

Contrarreacción a la contraeconomía

«El régimen soviético apenas puede sentirse cómodo con la enorme escala de las actividades del mercado paralelo. En primer lugar, un Estado totalitario, por su propia naturaleza, no puede apreciar ninguna iniciativa procedente del exterior

---

[23] Ibídem., pp. 41-42.
[24] Ibídem., p. 42.

del sistema institucional. Considera tales iniciativas como una amenaza a su control sobre la economía y el pueblo. A un Estado totalitario no le gusta que algunos de sus ciudadanos se vuelvan, al menos parcialmente, financieramente independientes del régimen, cuando sus fortunas no dependen totalmente del Estado».[25]

Eliminar las palabras «soviético» y «totalitario» en el párrafo anterior no cambia nada. Ningún Estado aprecia la iniciativa de sus ciudadanos fuera de su control. Para empezar, consulta los capítulos uno y dos. Lo que es significativo aquí es la impotencia del Estado ante la actividad contraeconómica y el poder de los individuos. Esto no es sólo «poder para el pueblo», sino poder para la persona individual.

Y la expresión más totalitaria del colectivismo no puede aplastarlo. Peor aún, la Contraeconomía corroe, corrompe, fragmenta y, en última instancia, aplasta al Estado. Además de ganarse a sus ciudadanos y restaurar los «bienes públicos» (saqueo fiscal) al «sector privado», «el mercado negro también causa graves distorsiones económicas e interfiere con los planes económicos oficiales. Desde el punto de vista de las agencias económicas gubernamentales, los equipos y suministros que algunos gestores energéticos obtienen en el mercado paralelo podrían ser más necesarios y podrían ser utilizados más eficazmente por otras firmas y empresas».[26] Pero esa «necesidad» queda a juicio de los planificadores del Estado; el pueblo ha dicho, en sentido antieconómico, que la necesidad –la demanda– es otra y ha prevalecido en todo el Estado soviético.

«Aquí también influyen las consideraciones morales. Las actividades clandestinas, con sus operaciones secretas, crean

---

[25] Simes, D.K. *op. cit.*, p. 21.
[26] Ibídem.

consecuencias psicológicas de gran alcance para grandes sectores de la población soviética. Y la empresa privada es absolutamente inconsistente con una ideología comunista oficial.» El poderoso Estado soviético no sólo debe soportar la Contraeconomía, sino también la invasión y de su territorio y su pueblo.

Mucho peor. El propio liderazgo soviético no está libre de manchas contraeconómicas. «Es justo decir que, si bien las autoridades se oponen básicamente al mercado paralelo, se ven obligadas a vivir con él y, a veces, no dudan en utilizarlo».[27] Tanto *Pravda* como *Literaturnya Gazeta* informan que las autoridades ordenan a sus subordinados que busquen piezas y otros bienes de capital para salvar las apariencias (y otras cosas) en la Contraeconomía. «La *Literaturnya Gazeta* habla de funcionarios que presionan a los presidentes de las granjas colectivas para que acudan al mercado paralelo. Según el periódico, estos funcionarios sugieren a los presidentes cuyas granjas carecen de repuestos para maquinaria agrícola que pesquen repuestos «en el fondo del mar», pero que cumplan sus planes. Incluso prometen a los presidentes su patrocinio en caso de cualquier problema con la policía. La historia publicada por *Literaturnya Gazeta* también habla de directores de obra que no recibieron clavos, pero sus superiores les aconsejaron que cumplieran los planes a toda costa».[28]

Cabe destacar aquí que no sólo está involucrado el segmento de la Contraeconomía que la URSS considera ilegal, o segmentos que, digamos, Estados Unidos permite, sino toda la Contraeconomía. Simes proporciona un ejemplo escabroso que podría aplicarse a la CIA de Estados Unidos, al Deuxieme Bureau o SDECE de Francia y al MI6 de Gran Bretaña.

---

[27] Ibídem.
[28] Ibídem., p. 22.

«La prostitución es ilegal en la Unión Soviética. Pero la KGB coopta a muchas prostitutas que tratan con extranjeros, y las prostitutas pagadas en moneda extranjera entregan parte de sus ganancias al cajero de la KGB».[29] ¿El proxeneta oficial del pueblo?

Y hay que subrayar que el libre mercado no crece porque el gobierno se vuelva más liberal (o libertario); más bien, el desafío contraeconómico del pueblo obliga al Estado a retirarse para conservar el poder que pueda. «En términos generales, durante los últimos años se ha desarrollado en la Unión Soviética algún tipo de tolerancia, si no aprobación, respecto de ciertos tipos de actividades del mercado paralelo».[30] Lo siguiente que sabremos es que Izvestia escuchará con simpatía a los contraeconomistas y Leonid Brezhnev pedirá la derogación de las leyes económicas.

«En una introducción editorial escrita por Izvestiya a un artículo sobre dos ingenieros que se meten en problemas con las autoridades precisamente por tales acciones, los redactores del editorial tienen una clara simpatía por las personas que se vieron obligadas a violar la ley para poder hacer "su importante trabajo" correctamente. Tanto el artículo como el editorial, así como muchas otras declaraciones hechas por periodistas y funcionarios soviéticos, incluido el Secretario General Brezhnev, llaman a eliminar las "limitaciones injustificadas y regulaciones mezquinas" impuestas a la gestión económica».[31] ¿Qué más se puede decir?

---

[29] Ibídem., pp. 23-24.
[30] Ibídem., p. 24.
[31] Ibídem.

El único fracaso de la contraeconomía

Aún quedan un problema y una pregunta por responder acerca de la masiva Contraeconomía soviética, y las respuestas tendrán una fuerte influencia en el análisis y estudio de la Contraeconomía del resto del mundo. Antes de responder, cabe señalar que hasta ahora sólo se ha abordado una definición estrecha de economía y que gran parte de la contraeconomía soviética, los intelectuales clandestinos y los famosos «disidentes» en todas las artes y humanidades han sido defraudados aquí. Aun así, tienen mucha más cobertura en los medios occidentales que las actividades estrictamente comerciales, que aquí tienen lamentablemente pocas fuentes mencionadas a pie de página. No obstante, toda acción humana apropiada será cubierta por la Contraeconomía, y los disidentes orientales serán tratados cerca del final del libro en «Contraeconomía Intelectual».

El contrabando y los refugiados también tienen un capítulo aparte. En los capítulos restantes, que son más categóricos que geográficos, se encontrarán otras referencias a las fuentes ricas (en términos contraeconómicos) materiales y ejemplares de los países controlados por los comunistas. Las divisiones geográficas son, al menos desde el punto de vista contraeconómico, en gran medida irrelevantes. Al menos políticamente, los contraeconomistas son decidida, desafiante e incluso desdeñosamente internacionales.

El problema citado es el siguiente: ¿qué hacen los contraeconomistas ricos con su riqueza? Hay dos respuestas a esto, y la segunda tiene que ver con la pregunta que aún queda por formular: «¿Por qué la Contraeconomía no se convierte en economía?».

En primer lugar, los contraeconomistas orientales más ricos a veces pueden irse con su dinero y disfrutar de los lugares de placer del resto del mundo. Incluso Rusia tiene zonas similares a las Rivieras en el Mar Negro, pero la ostentación en este último requiere una explicación a los funcionarios.

Es cierto, y más a menudo de lo que muchos pensarían, generar riqueza, reinvertirla y ganar más es un fin preciado en sí mismo. El personaje de James Garner en la película de 1963 Camas separadas lo expresó como «ganar dinero es sólo una forma de llevar la cuenta», y eso en un Texas relativamente libre y abierto. Aun así, los millonarios en Occidente son legendarios por ocultar su riqueza: Getty, Hughes, Koch y otros reticentes son tan comunes como las ostentación de Hearst, Hunt y Hammer. El confiscador oficial occidental sólo tiene una correa un poco más corta que su colega oriental.

Aun así, hacer un escándalo en Brezhnevland es lo peor. «El objetivo principal del millonario clandestino soviético no es gastar dinero, sino ocultarlo».[32] Georgia, patria privilegiada de Stalin, no está tan mal: Pero la gama es enorme; el estilo de vida del millonario clandestino en Moscú u Odessa, por ejemplo, es muy diferente del estilo de vida de su homólogo en Georgia.

Un cliente mío georgiano, Golidze, que fue juzgado por la Corte Suprema de Georgia, era propietario abierta y legalmente de dos magníficas casas. Ambos estaban lujosamente amueblados con antigüedades compradas a comerciantes de Moscú y Leningrado. Durante un registro, las autoridades confiscaron las joyas de su esposa y 45.000 rublos en efectivo, que Golidze me explicó que estaban en casa para cubrir los gastos diarios».[33]

¿Entonces las cosas están más difíciles en otras tierras rojas? «El estilo de vida georgiano no es ni remotamente apreciado por los millonarios clandestinos de Moscú, Ucrania y las

---

[32] Simes, D.K. op. cit., p. 49.
[33] Ibídem.

Repúblicas Bálticas. Abandonar el apartamento comunitario comprado bajo su propio nombre, donde puede disfrutar de comidas caras sin tener que esconderlas de los vecinos... comprar una modesta dacha bajo el nombre de un pariente... o hacer un viaje a un centro turístico búlgaro en el Mar Negro... todo esto es sobre la magnitud de los placeres que un millonario de la generación mayor se atreve a permitirse. Su principal entretenimiento es reunirse con colegas masculinos en privado, y la eterna necesidad masculina de un poco de diversión fuera del círculo familiar se satisface con varios salones mantenidos por mujeres con conexiones sociales o comerciales en el medio clandestino. El atractivo de estos salones es el juego más que el sexo».[34]

Se puede ver fácilmente que proporcionar entretenimiento a los contraeconomistas más ricos y amantes de la diversión es en sí mismo, lógicamente, una empresa contraeconómica. «Durante los años 1960 y 1970, el salón de una tal Elizabeth Mirkien gozó de gran popularidad en Moscú. Su marido había trabajado para una de las grandes empresas clandestinas y en ese momento cumplía condena de prisión. Siguiendo el espíritu de las leyes no escritas del medio ambiente, los socios del marido proporcionaban a Elizabeth una cantidad decente de dinero cada mes, pero ella también recibía ingresos del salón de su pequeño apartamento de dos habitaciones. A los hombres de negocios de mediana edad les gustaba reunirse allí. Todo era de su agrado: la propia cabeza de familia, una señora guapa y afable; excelentes comidas; y, sobre todo, las mesas de juego y la ruleta. Había mucho en juego, ya que los juegos de azar ocupan un lugar muy importante en la vida de un rico hombre de negocios clandestino soviético. Sólo en la mesa de juego o en la ruleta de una casa como la de Isabel

---

[34] Ibídem.

pueden arriesgarse a grandes pérdidas, sentir la euforia de gastar imprudentemente y sentirse ricos».[35] Y, sin embargo, salvo cuantitativamente, ¿es esa una actitud diferente de la que se encuentra en Montecarlo o Las Vegas?

¿Por qué la Contraeconomía no se convierte en economía? El único fracaso de la Contraeconomía hasta ahora se encuentra en el nivel mental-espiritual-psicológico: el nivel abstracto. Como veremos, los científicos e ingenieros de la abstracción, los intelectuales, hasta ahora no han logrado analizar ni justificar la Contraeconomía. Así, los contraeconomistas operan bajo el peso muerto de una culpa inmerecida. El esfuerzo por cambiar esto, por dotar a la Contraeconomía de una filosofía en toda regla que sea autojustificadora (el agorismo) acaba de comenzar.[36] Veremos qué forma debe adoptar en el último capítulo de este libro.

Sin embargo, la culpa y la autoinhibición son evidentes tanto en Rusia como en Occidente. «Los millonarios de la generación anterior, además de entregarse a esos placeres, intentan proteger a sus hijos de los riesgos del mundo subterráneo y convertirlos en académicos, médicos o abogados».[37] Es decir, los niños deben ser respetables y elevados. Este pensamiento y el fracaso en generar, hasta ahora, una oferta de ideología promercado, es el fracaso de la Contraeconomía.

---

[35] Ibídem.

[36] Véase, por ejemplo, la novela de J. Neil Schulman, *Alongside Night* (tapa dura de Crown, 1979; edición de bolsillo de Ace, agosto de 1982).

[37] Simes, D.K. *op. cit.*, p. 47.

La esperanza del futuro

Pero los niños, la segunda generación de contraeconomistas, están dando señales de apreciar la innovación y el coraje de sus antepasados (más que ellos) y pueden concluir ellos mismos la liberación. Sus padres intentan sacarlos y convertirlos en aceptables como comunistas. «A pesar de esto, muchos niños –después de obtener títulos universitarios e incluso doctorados– reafirman la tradición familiar y se involucran en negocios clandestinos. Estos empresarios clandestinos de segunda y tercera generación no están contentos con la vida de sus padres. Se convierten en habituales de restaurantes caros, cuyos camareros y gerentes los conocen por su nombre, los tratan como invitados de honor y reportan sus atracones al DCMSP. No tienen miedo de hacer grandes apuestas en las carreras, vigilados por agentes del DCMSP, ni son demasiado tímidos para comprar coches y dachas a precios equivalentes a 20 o 30 años de su salario oficial. Visitan abiertamente complejos turísticos de moda y gastan cinco años de salario oficial en un mes de vacaciones».[38]

Su desafío y su «salida del armario» tampoco son una locura o una bravuconería autodestructiva. Desde las rodillas de sus padres, estos nuevos contraeconomistas saben lo que están haciendo y su ingenio supera al de sus maestros.

«Esto no significa que la generación más joven de empresarios clandestinos sean lunáticos dispuestos a cambiar un año de buena vida por muchos años en los campos de prisioneros. Todos intentan estar preparados para justificar sus gastos señalando algún tipo de ingreso legal. Una forma común es comprar un billete de lotería o un bono de préstamo del gobierno que haya obtenido una gran ganancia. Los jóvenes

---

[38] Ibídem.

empresarios más importantes cuentan entre los empleados del banco con agentes remunerados que convencen a los ganadores que vienen a recoger su dinero para que vendan el billete de la suerte por dos o tres veces el importe del premio. Pero el principal seguro para la generación más joven sigue siendo el soborno a los funcionarios del DCMSP, en el que superan incluso a sus padres».[39]

Cuando todos estén vinculados por interés propio a sus colegas contraeconomistas, total o parcialmente, en Rusia o en cualquier lugar, y sean plenamente conscientes de ello, la Contraeconomía triunfará ineludiblemente. La base está ahí. «Según el semanario de la Unión de Escritores Soviéticos, *Literaturnya Gazeta*, durante un año los ocupantes de nuevos apartamentos en Moscú pagaron diez millones de rublos a comerciantes privados para "mejoras adicionales a su apartamento"».[40]

Ellos y nosotros

La confirmación de esta situación en la Unión de Repúblicas Socialistas Soviéticas proviene de las fuentes más sólidas: el corresponsal ruso del *New York Times*, Hedrick Smith, observó: «La corrupción y las empresas privadas ilegales en Rusia, el "capitalismo progresivo", como dicen algunos rusos llámelo en broma, surge de la naturaleza misma de la economía soviética y su eficiencia: escasez, productos de mala calidad, retrasos terribles en el servicio. Constituyen más que un mercado negro, como los occidentales están acostumbrados a pensar en él. Porque, paralelamente a la economía oficial, existe toda una contraeconomía próspera que maneja un enorme volumen

---

[39] Ibídem.
[40] Simes, D.K, *op. cit.*, p. 1, nota al pie 1.

de comercio oculto o semioculto que es indispensable tanto para las instituciones como para los individuos. Prácticamente cualquier material o servicio se puede conseguir nalevo [nalevo significa "a la izquierda", pero suena como "al lado" o "debajo de la mesa"], desde alquilar una casa de vacaciones en el campo hasta comprar un impermeable o °comprar un par de zapatos en una tienda estatal, conseguir un vestido elegante hecho por una buena costurera, transportar un sofá por la ciudad, arreglar las tuberías o instalar insonorizantes en la puerta de tu apartamento, ser atendido por un buen dentista, enviar a tus hijos a una guardería privada hasta la consulta a domicilio con un cirujano de primer nivel, hasta la construcción de edificios y la instalación de tuberías en una granja colectiva».[41]

Como hemos visto en los dos primeros capítulos, los occidentales se están acostumbrando rápidamente a pensar en una contraeconomía mucho más amplia. Todas las fuentes mencionadas en este capítulo transmiten este sentimiento de diferencia (que es válido), pero con una implicación de diferencia cualitativa más que cuantitativa. «Dejando de lado estos casos sensacionales de abuso de posiciones oficiales, sólo una pequeña parte de las operaciones de la contraeconomía soviética serían consideradas criminales en Occidente. Sin duda, la Unión Soviética tiene malversadores, redes de robo de automóviles, prostitutas, narcotraficantes, ladrones

---

[41] Smith, H. (1977). Los rusos. Nueva York: Ballantine Books, pp. 112-113. El capítulo tres está enteramente dedicado a la contraeconomía en Rusia, y Smith es la primera persona, después de mí, que he encontrado que utiliza el término «contraeconomía», aunque no utiliza «contraeconomía» ni «contraeconomista». Una comunicación con él reveló que no tenía conocimiento de mi uso anterior desde febrero de 1974 (ante una audiencia en el Foro de Libre Mercado en California, y posteriormente en cientos de publicaciones libertarias). Su libro, por cierto, es recomendable.

de bancos armados y una banda ocasional de extorsionadores que se hacen pasar por unidades policiales con uniformes, esposas y documentos, extorsionando a inocentes: delincuentes que serían criminales en cualquier lugar». Incluso, hay que añadir, en la propia Contraeconomía. La lista de Smith es el mercado rojo de la violencia y la coerción, no el mercado negro pacífico que esquiva al Estado. Y continúa: «Pero gran parte del negocio privado en el mercado negro no sería ilegal si el comunismo soviético permitiera el tipo de pequeño sector comercial privado que existe legalmente bajo las formas de comunismo húngaro, polaco o de Alemania Oriental».[42]

Semejante ingenuidad es interesante por las muchas cosas que nos dice. Si bien es cierto que liberar parte de la acción humana como se hace en otros países de Europa del Este reduciría ligeramente la contraeconomía, Smith parece no darse cuenta de cuán vasta es allí. Además, al parecer no es consciente de lo vasta que es la ciudad de Nueva York, su base de operaciones. Debido a que Nueva York está más regulada que el resto de Estados Unidos en muchos aspectos (medallones de taxis, tasas impositivas más altas, por ejemplo), está repleta de taxis gitanos, vendedores de alimentos sin licencia, carpinteros y empresas de mudanzas no sindicalizados, contrabandistas de tabaco o «buttbulls». », y traficantes de todas las sustancias ilícitas y copias prohibidas (desde programas de ordenador hasta registros). Tal vez, al igual que la nueva clase de aristócratas comunistas que habita en sus suburbios cerrados, lejos de las masas sufrientes de Moscú, pertenezca a una clase que evita ese contacto urbano.[43]

---

[42] Ibídem., p. 132.

[43] Mientras Smith vivía en Rusia, el autor vivía en el East Village de Nueva York en un grupo de apartamentos de contraeconomistas acérrimos y traba-

Smith sí percibe, al menos vagamente, las posibilidades revolucionarias. «Pero el régimen se enfrenta a un dilema: como observó un ruso del que muchos otros se hicieron eco: "Todos los que trabajan en el comercio minorista soviético son ladrones y no podemos meterlos a todos en la cárcel"». Y, sin embargo, confunde reforma con revolución cerca del final. «El Partido sabe, razonó, que las personas que persiguen bienes ilegales en la contraeconomía no están preocupadas por las reformas. Además, mientras el público considere la contraeconomía como un hecho necesario y deseable de la vida, habrá pocas esperanzas de colaboración para una aplicación estricta».[44]

La resolución de esta dicotomía en la mente rusa (y occidental) bien podría acabar con el estatismo en favor de una Contraeconomía completa. Por supuesto, entonces sería la economía un mercado libre. Smith tiene una anécdota que ilustra la confusión entre eficiencia económica y libertad con inhumanidad antisocial.

«Un científico médico que emigró a Estados Unidos en 1974 después de trabajar en uno de los principales institutos médicos de Moscú elogió a los médicos rusos como "más humanos" que los médicos privados estadounidenses con fines de lucro y respaldó el concepto de medicina socializada. Pero no se pueden imaginar lo pobre que es la calidad general del servicio médico, afirmó. "En Rejazan (una ciudad de 400.000 habitantes), donde crecí, tienen muy mal equipamiento. Carecían de cosas muy sencillas: medicamentos, por ejemplo. La calificación de los médicos es mucho menor que en Moscú. Pero el peor problema del sistema es la mala organización y el

---

jó de manera contraeconómica con extranjeros ilegales de Nueva Zelanda y Australia, durante el período 1972-1975.

[44] Smith, *op. cit.*, p. 133.

mal servicio de enfermería. Las enfermeras hacen muy mal la esterilización. Después de las operaciones, incluso en nuestro instituto, que es uno de los mejores, tuvimos muchas sepsis, heridas supurantes, infecciones y supuraciones. Las enfermeras no estaban lo suficientemente limpias. Cometieron errores en las operaciones. El director de nuestro instituto se enojó mucho porque hacía operaciones hermosas y luego estaban esas infecciones. Muy a menudo, como saben, el personal de nivel medio no recibe buenos salarios y no es confiable ni competente. Una vez estuve en Jarkov y me tuvieron que operar de apendicitis en un hospital de distrito ordinario. Estaba tan sucio que no te lo imaginas. Las sábanas estaban grises por el uso prolongado. La ropa de los trabajadores del hospital no estaba lo suficientemente limpia. Me atendieron porque era de este importante instituto de Moscú. Aun así, tuve una infección y otros también. Vi morir a un hombre en mi presencia después de una operación de apendicitis debido a este problema».[45]

Esta es la economía superficial en la zona más estatista del mundo. No es de extrañar que la gente busque vendedores fríos y con ánimo de lucro que realicen operaciones limpias, precisas y antisépticas en producción en masa a bajo precio; o, si se lo impiden, buscarán vendedores en el mercado negro que lo hagan a un precio menos barato pero que den al cliente lo que él o ella necesita y quiere. Dimitri Simes afirma: «El mercado paralelo es una parte vital del modo de vida soviético. Y sólo reformas económicas y sociales fundamentales pueden eliminarlo de su existencia».[46] Pero, ¿pueden ser lo suficientemente fundamentales? Es decir, ¿se abolirá el Estado?

---

[45] Ibídem., pp. 94-95.
[46] Simes, D.K., *op. cit.*, p. 25.

Las fuerzas del mercado, que abruman a las fuerzas marxistas-religiosas de la historia, pueden no dejar otra opción. Aunque Konstantin Simis da a entender que la corrupción (contraeconomizar a los propios estatistas) es evitable, su conclusión habla por sí sola en respuesta: «Y aparece un último absurdo revelador. Obviamente, el Estado soviético y toda la estructura de la empresa clandestina están enfrentados entre sí en absoluto conflicto y contradicción. Sin embargo, estos adversarios están extrañamente aliados. Están atados por la corrupción. No podría haber un vasto laberinto de empresas ilegales –ni durante un año, ni siquiera un mes– sin la complicidad y la venalidad del igualmente vasto aparato soviético encargado de hacer cumplir las leyes contra los delitos económicos. Esta criminalidad oficial está omnipresente, desde los funcionarios más bajos hasta la élite más alta: un cáncer que plaga no sólo al Estado, sino a toda la sociedad soviética. Este es el increíble coste de un sistema dedicado a sofocar los impulsos más básicos de la libertad personal».[47]

Ese sistema no es el sovietismo, ni siquiera el comunismo, sino el estatismo. Existe y está creciendo en América del Norte. En los próximos capítulos veremos cómo los norteamericanos (y, de vez en cuando, el resto del mundo) se enfrentan a un mundo de burocracia, de saqueo legal y producción ilegal. Primero veremos la red más grande de pequeños empresarios de la Contraeconomía, el mercado de las drogas en todos sus aspectos y definiciones de lo que son las drogas, y luego el mayor problema de la Contraeconomía tanto en el Este como en el Oeste: el dinero y sus controles y los estragos de la inflación.

---

[47] Simes, D.K., *op. cit.*, p. 50.

CapÍtulo cuatro

CONTRAECONOMÍA DE LAS DROGAS

Para muchas personas, las drogas ilícitas y el mercado negro están fuertemente conectados. Los argumentos a favor de la existencia de la contraeconomía del consumo de drogas, la producción, la agricultura, la red de distribución, la financiación, el transporte y el contrabando, e incluso su uso como moneda alternativa, han sido defendidos en la prensa popular desde el *High Times* hasta el *New York Times*. Muchas Veces.

En lugar de facilitarle al autor la comprensión contraeconómica del mercado de las drogas, las ideas preconcebidas y los prejuicios involucrados lo convierten en el capítulo más difícil del libro. No obstante, lo mejor es abordar la cuestión de manera directa e inmediata. El problema no es la mecánica (aunque a menudo se tergiversa, como veremos), sino la intensa irracionalidad que rodea al tema. El abuso de drogas es un término que necesita ser desengañado.

Desabuso de drogas

Si discutiéramos la comercialización del ácido acetilsalicílico para superar los precios monopólicos de Bayer, pocos se molestarían. ¿Podemos abusar de la «aspirina»? Los expertos médicos sugieren que un exceso provoca sangrado estomacal, por lo que parece posible. El ácido acetilsalicílico es un producto farmacéutico que se vende en «farmacias». ¿Dónde está el «problema del abuso de aspirina»?

Miremos el tabaco. Si bien su marketing está fuertemente restringido por regulaciones antipublicidad y gravado con impuestos más altos que cualquier otra cosa, sigue siendo «legal». La nicotina, el ingrediente más activo del tabaco, está clasificada entre la cafeína y el tetrahidrocannabinol (café y marihuana) en aceptación social, y es una «droga» tan importante como ambos. Hoy en día sigue siendo legal y un problema no muy difamado.

Si mañana se diera el paso final hacia la prohibición de los cigarrillos y las pipas, sin duda se desencadenaría una guerra civil en América del Norte. Si bien los fumadores han estado «aguantando» constantes quejas en los medios de comunicación y pequeños acosos en cócteles mientras pudieran obtener su «droga», desobedecerían flagrante y masivamente cualquier ley que les impidiera obtenerla. Recuerda, la mayoría de las personas (no sólo los adultos) de ambos sexos y de todas las razas, fuera de las zonas más afectadas por la pobreza, fuman tabaco.

Un paso de la aspirina al tabaco, otro al alcohol. El alcohol era un poco menos popular y un poco más «poderoso» (incapacitante cuando se consumía en exceso) y, de hecho, conoció una era de Prohibición.

La Prohibición no fue derrotada por la reforma política, la revolución organizada o siquiera los activistas callejeros, aunque todos existían en los Estados Unidos en la década de 1920. Lo que se sabe casi universalmente es que estaba disponible en abundancia y fácilmente a un precio poco diferente del precio legal gravado, y el «coste» de ingresar a este mercado (en términos de riesgo adicional) era tan bajo que a menudo uno bebía delante de senadores e incluso de sheriffs con impunidad.

El fracaso de la Prohibición en prohibir fue el triunfo más espectacular de la Contraeconomía en Estados Unidos. El alcohol «con moderación» (sea lo que sea) es ahora casi completamente aceptado.

Por desgracia, es casi totalmente un «mercado blanco» y está sujeto a impuestos mortales, sólo superados por los impuestos a los productos del tabaco.

Demos un paso más hacia la marihuana en el espectro de las drogas. El tetrahidrocannabinol, al menos el que se encuentra en los porros (a diferencia del aceite de hachís), es menos potente que el alcohol. Sin embargo, su aceptación popular es menor; es decir, su uso no es disfrutado por una mayoría en los países democráticos. Por tanto, es ilegal.

El sector de la Contraeconomía relacionado con la marihuana es tan grande que afecta a casi todos los hombres, mujeres y niños de América del Norte (y de gran parte del resto del mundo). Esta afirmación será respaldada en la siguiente sección; aquí se plantea un punto diferente.

Saltemos un paso más allá del espectro de drogas: ¿qué pasa con el arsénico y el cianuro? Estas sustancias no sólo no son ilegales, sino que ni siquiera están controladas. ¿Existe alguna droga proscrita que sea capaz de causar daño con tan pocos efectos secundarios «remediadores»? ¿Por qué el cianuro y el arsénico no son las drogas más perseguidas de todas? La gente los toma. Pero en casi ningún periódico se oirá hablar de «otra muerte relacionada con el arsénico» o del «abuso de cianuro». El término habitual es suicidio.

Cualquiera que sea la potencia y la «amenaza» de la heroína, el opio, la dietilamida del ácido lisérgico o las anfetaminas (y, según cualquiera, se encuentran entre el alcohol y el arsénico), son algo «especial» a los ojos de un gran sector de la sociedad con considerable influencia política. ¿Es entonces un odio puritano al placer? ¿Qué tal la prohibición del Laetrile (que también está tambaleándose en el momento de escribir este artículo)?

Las drogas no son un veneno a menos que se elijan para ese uso. No son una cura a menos que se elijan para ese uso. No son agentes de placer, escape o estimulación a menos que se elijan para ese uso. En resumen, las sustancias químicas son irrelevantes para cualquier «problema de drogas»: el abuso de drogas es un abuso de elección.

Lo que hay que elegir es un problema religioso, en el sentido más amplio del término. Elegir las drogas equivocadas (y casi todo el mundo elige algunas, por «suaves» o inocuas que sean) es exactamente como elegir la religión equivocada hace un par de siglos: eres un infiel, un hereje o un pagano y serás perseguido y perseguido. Los simpatizantes de tus creencias también te ayudarán, te harán su amigo e incluso te ocultarán de tus perseguidores.

Hay una diferencia importante entre las prácticas religiosas más comúnmente entendidas y el uso de drogas: el comercio de bienes físicos. Si bien existe un mercado gigante en la religión, prohibir los bienes materiales asociados simplemente afecta un poco a los creyentes y a menudo endurece sus convicciones.

La prohibición de las drogas desalienta a unos pocos compradores marginales, pero con la misma frecuencia endurece a los consumidores y profundiza su compromiso. ¿Existiría la contracultura basada en la marihuana o el movimiento basado en el Laetrile, en su mayoría de derecha, si el Estado no hubiera suprimido sus drogas preferidas?

Y, por supuesto, la línea entre la cultura de las drogas y la religión se ha cruzado muchas veces: las sectas *hippies* indias y neoindias basadas en el peyote, los rastafaris basados en la marihuana (ganja) y las numerosas religiones «aceptadas» que usan vino (perseguidos durante la Prohibición), o normas alimentarias y restricciones dietéticas (judíos ortodoxos y cristianos fundamentalistas).

La elección de religión ha dejado, en gran medida y en la mayoría de los países, de ser asunto del Estado. Al menos en los países más ilustrados de Occidente, la elección de drogas se percibe cada vez más como una cuestión de conciencia individual. Hasta que prevalezca esta visión, el mercado de las drogas será el mayor sector de reclutamiento y sensibilización de la Contraeconomía, con excepción de la evasión fiscal (ver Capítulo 1).[1]

La pirámide de la capital de las drogas

Para comprender la inmensidad de la interconexión del mercado de las drogas, es necesario introducir un concepto importante de economía y descartar una idea errónea generada principalmente por la propaganda de las guerras contra las drogas libradas por varias agencias del Estado. Este último es el mito de la mafia o «crimen organizado»; el primero es el concepto de pirámide de capital. Uno es, en cierto sentido, el reflejo o la perversión del otro.

El término «crimen organizado» dice demasiado. Si usted y sus vecinos trabajan juntos para evitar los impuestos o el servicio militar obligatorio o distribuir y consumir drogas (cualquier cosa que el Estado considere un delito) son «conspiradores»;

---

[1] El autor está particularmente en deuda con el famoso psiquiatra Dr. Thomas Szasz (por ejemplo, *Ceremonial Chemistry*) y Jeffrey Riggenbach (especialmente en *Libertarian Review*) por estimular su evolución, pero él es responsable de sus propios puntos de vista. Para quienes desean conocer sus intereses creados, el autor se confiesa un bebedor social y fumador de pipa. Este área es uno de mis raros casos de moderación.

es decir, al no trabajar solo, has cometido un delito adicional. Vosotros sois criminales organizados y al gobierno organizado (algunos dirían que es un gobierno desorganizado) eso le disgusta aún más. El grado de formalidad de esta organización puede ser realmente muy leve. Puede que ni siquiera conozcas personalmente a aquellos con quienes tratas; es posible que simplemente se reúnan, realicen transacciones y posiblemente no se vuelvan a encontrar nunca más.

El mercado organiza espontáneamente la oferta y la demanda, independientemente del producto. La gente no necesita añadir ningún vínculo, cariño o apoyo en estos vínculos efímeros, pero, al ser personas, lo hacen, y profundizaremos en esta expansión o elevación de la conciencia más adelante en este capítulo. La construcción de una superestructura gigante a través de muchas fronteras y con minucioso detalle en cada vía de agricultura, procesamiento, transporte, refinación, venta al por mayor y distribución no requiere una conspiración a largo plazo ni una organización formal como un sindicato o una «mafia».

Los gánsteres, la mafia, o como se llamen, no son el mercado de las drogas, ni siquiera parte de la Contraeconomía; más bien, son el Estado dentro del Estado. Se aprovechan de los contraeconomistas recaudando impuestos de «protección», regulando el comercio y librando guerras. La Cosa Nostra y la Banda Púrpura y demás no cumplen ninguna función en la Contraeconomía salvo la de parásitos, exactamente de la misma manera que lo hace el gobierno oficial en el mercado. En ciertas comunidades y barrios atrasados, generalmente de culturas étnicas más antiguas, estos grupos son tolerados e incluso apoyados por gente asustada como verdaderos protectores, del mismo modo que los gobiernos autoritarios son aceptados por la gente de países no ilustrados. Sin embargo, en los mercados de drogas «calientes» de los campus universitarios estadounidenses y del sur de California en particular, estos mafiosos simplemente no existen.

Si el Padrino no dirige el mercado negro, ¿quién o qué lo hace? En lugar de la Mano Negra de algún siciliano, el mercado está dirigido –sin interferencia del gobierno o a pesar de ella– por la Mano Invisible de Adam Smith.

Alguien se da cuenta de que la gente está dispuesta a pagar por los medicamentos y de que el precio le proporcionará un beneficio suficiente para que valga la pena su esfuerzo. Otro se da cuenta de que existen traficantes que pagarán bien por toneladas de medicamentos y lo dividirán para venderlo al por menor, aumentando el precio para que valga la pena su esfuerzo. Sin embargo, alguien más ve la oportunidad de establecer un laboratorio químico para refinar drogas y entregarlas a unos pocos mayoristas y otro ve la ganancia en el contrabando de drogas con unos pocos refinadores. Y otro más ve el valor de suministrar a los contrabandistas en su país de origen a través de agricultores de su zona que buscan unos cuantos dólares, pesos o murciélagos extra. Y los agricultores ven el valor de eludir o pagar a los funcionarios del gobierno para que cultiven un poco más de un esa planta porhibida.

Esta estructura de mercado «vertical» –desde capas de productores hasta una base de consumidores– fue descubierta, como concepto económico, por Eugen von Böhm-Bawerk, el mayor economista austriaco junto a Ludwig Von Mises, y la llamó Pirámide del Capital. Una de las teorías de Böhm-Bawerk afirma que cuanto más «progresivo» es el mercado, más crece la pirámide; es decir, la base se estrecha y la altura crece más capas. Cada vez se transfiere más riqueza a etapas previas de la producción, pero el producto final tiene mejor calidad y/o precio más bajo. La pirámide del mercado de drogas rivaliza con la de la producción de transbordadores espaciales, y está creciendo contra un ejército literal de agentes gubernamentales, armados hasta los dientes y dispuestos a disparar.[2]

Si algo puede demostrar la naturaleza imparable de la Contraeconomía, ese debería ser el triunfo de la pirámide de capital del mercado de la droga contra el poder armado del Estado. Así que aquí hay algunas pruebas.

La Segunda Guerra Mundial: contra las drogas

Se ha dicho que si el hombre no aprende de la historia, está condenado a revivirla. Puede que dos guerras mundiales todavía no nos hayan curado de la guerra mundial, pero al menos ha habido una brecha más larga entre ellas. En la década de 1920, Estados Unidos impuso una prohibición sobre la droga alcohol etílico en todas sus formas, incluso cuando varias provincias de Canadá derogaban la prohibición local por considerarla un fracaso. En 1933, la Primera Guerra Mundial (y se libró a través de fronteras y en alta mar) contra El Demonio de la Bebida terminó con la derogación de la Prohibición. Poco después, los Estados de todos los países intensificaron su supresión de otras sustancias químicas ingeridas por los humanos por placer, escape o estimulación y aparentemente la mantuvieron estancada. Luego vinieron los años 60, las nuevas filosofías y el auge de las drogas psicodélicas. Una nueva guerra fue declarada por el Estado contra la dietilamida del ácido lisérgico y el peyote y el STP, y se redobló la antigua contra el cannabis sativa y las anfetaminas y tranquilizantes («estimulantes y tranquilizantes»).

La «guerra» no es aquí una metáfora. «La Guardia Costera de Estados Unidos informa que en dos ocasiones distintas

---

[2] Böhm-Bawerk, E.V. (2009). *Valor, capital e interés*. Madrid: Unión Editorial. Veremos más austriacos a lo largo del libro.

en los últimos meses, cañoneras estadounidenses se vieron obligadas a disparar directamente a los cascos de barcos que transportaban marihuana. Los funcionarios de la Guardia Costera dicen que esta es la primera vez desde la Prohibición, hace casi 50 años, que barcos de la Guardia Costera han disparado y alcanzado a barcos de contrabando en el proceso de realizar arrestos.

«El comandante John Hayes dice que hasta los dos incidentes recientes, los ataques en el mar requerían, como máximo, uno o dos disparos de advertencia en la proa para obligar al barco a rendirse. Ninguno de los tiroteos tuvo heridos. Hayes dice que cada vez más barcos intentan dejar atrás a los guardacostas porque la marihuana se ha convertido en un gran negocio, con cargamentos individuales que valen millones de dólares. La Guardia Costera estima que el año pasado se introdujeron de contrabando con éxito entre 6.000 y 8.000 millones de dólares en marihuana ilícita por vía marítima a Estados Unidos».[3]

Estados Unidos, en gran medida a través de la DEA, ha abierto frentes de guerra en toda América Central y del Sur, ambos extremos de Asia y Europa Occidental, una verdadera Guerra Mundial. Sin embargo, la «cosecha propia» sigue siendo la mayor fuente de materia prima para drogas, como lo revelará nuestro estudio de California y Hawái. No hay nada extranjero o ajeno en el tráfico de drogas, pero el mercado es completamente internacional.

United Press International describe a Colombia como un «Imperio de la marihuana». Riohacha «es la capital del estado de La Guajira y el centro de la industria ilegal más grande de Colombia: el cultivo y el contrabando de marihuana en los

---

[3] «La guerra contra el contrabando de marihuana está calentando alta mar». (1981, 5 de enero). *Zodiac News Service.*

Estados Unidos. También es un puesto clave en la batalla del gobierno para reducir el tráfico de drogas, que amenaza con eclipsar todos los negocios legítimos del país».[4]

¿Qué tamaño puede tener este sector de su Contraeconomía? «Las estimaciones del negocio total de la droga en Colombia varían, pero generalmente se calcula en alrededor de 2 mil millones de dólares al año. Buena parte del «bote» acaba en manos de dealers internacionales radicados en Estados Unidos».[5]

Colombia es también un centro de distribución y procesamiento de diferentes medicamentos de distintos países; también mantiene una de las fuerzas laborales más grandes de la Contraeconomía. «Colombia también es uno de los países donde se procesa la cocaína de Perú y Bolivia para su envío a los Estados Unidos, principalmente por pandillas que operan en las ciudades de Medellín y Cali. Sin embargo, el polvo blanco representa menos de la mitad del valor en dólares del comercio de marihuana e involucra una fuerza laboral mucho menor que las 150.000 personas involucradas en el tráfico de marihuana».[6]

Para tener una idea real de la gran escala de esta industria en particular, es necesario asimilar la descripción de un testigo ocular. «En una base militar en las afueras de Riohacha, soldados con camisetas y pantalones militares apilan decenas de grandes fardos envueltos en bolsas de arpillera. Se están preparando toneladas de "Santa Maria Gold", marihuana de primera calidad procedente de las laderas de las montañas de

---

[4] McReynolds, M. (7 de septiembre de 1981). «Lucha cuesta arriba contra el tráfico: la región costera de Colombia es un imperio de la marihuana». *Los Angeles Times*, p. 10.

[5] Ibídem.

[6] Ibídem.

Santa María, para destruirlas en una hoguera tras haber sido incautadas en la última operación del ejército.

«Una docena de camiones confiscados durante la incursión están estacionados en fila. A unos metros de distancia se encuentran los restos destrozados de una avioneta que se estrelló en la carretera cerca de la base militar, presumiblemente cuando se encontraba en una misión relacionada con la marihuana…. Hasta finales de junio, las fuerzas armadas habían incautado 80 aviones en el norte de Colombia, casi todos registrados en Estados Unidos. Incluyen un DC-7, un DC-6, un Convair y tres venerables DC-3, junto con muchos pequeños aviones bimotores. De ese total, 23 aviones se estrellaron al intentar aterrizajes peligrosos en pistas improvisadas. También fueron confiscadas un total de 72 embarcaciones, 308 vehículos y 879 armas de fuego.

«En el mismo período, fueron detenidos 1.169 sospechosos. De los 186 extranjeros arrestados, la mayoría eran estadounidenses. El ejército dice que destruyó casi 38.000 toneladas de marihuana, incluidos 50.000 fardos listos para su envío y el rendimiento estimado de 25.250 acres. También se apoderó de 2,2 millones de tabletas de anfetamina listas para la exportación y 74 libras de cocaína, aparentemente de contrabandistas de marihuana fuera de la ruta principal de la cocaína».[7]

Esa redada masiva ciertamente debería haber hecho retroceder el negocio de las drogas en Colombia, ¿verdad? «"Calculamos que tenemos en nuestras manos menos del 10% de la producción total", dijo sombríamente un oficial del ejército».[8] Tenga en cuenta que el 10% es más bajo que las tasas impositivas en la mayoría de los países.

---

[7] Ibídem.

[8] Ibídem.

Veamos, en nuestro ejemplo actual, cómo una pirámide de capital contraeconómica construye una gran comunidad de intereses comunes en defensa de un mercado negro. «La raíz del problema es el dinero: los dólares y pesos que convencen a los agricultores de correr el riesgo de cultivar cultivos ilegales y que tientan a policías, soldados e incluso jueces mal pagados a colaborar con el tráfico de drogas. La Guajira es conocida desde hace mucho tiempo en Colombia como una zona económicamente deprimida donde el contrabando se considera una forma de vida normal. La población local da la bienvenida a los forasteros con la misma calidez y apertura que los montañeros de Tennessee reservan para los funcionarios de impuestos internos».[9] La comparación, como hemos señalado, es muy acertada.

«Ernesto Samper, presidente de una federación nacional de instituciones financieras colombianas… estimó que 150.000 colombianos dependen de la marihuana para ganarse la vida, y dijo que casi todos son pequeños agricultores y sus familias [son] traficantes de drogas de bajo nivel. Si Colombia hubiera legalizado la producción, dijo, podría haber recaudado casi 146 millones de dólares en impuestos el año pasado en lugar de gastar una cantidad comparable en aplicación de la ley».[10] En los capítulos anteriores se puede encontrar otra solución a los impuestos gastados en la aplicación de la ley.

Esta celosa represión estatal contra el tráfico de drogas es atípica. Pasando del teatro latinoamericano de esta Guerra Mundial al teatro de Oriente Medio –donde abundan los soldados israelíes, árabes, cristianos y de la ONU– vemos otra actitud.

---

[9] Ibídem.
[10] Ibídem.

«No muy lejos de donde estaban trabajando los recolectores, los soldados hacían señas perezosamente a los coches para que avanzaran por la carretera. Para ellos, el hachís era sólo un cultivo más. Algunos dicen que se encuentra entre los mejores hachises del mundo. Lo llaman "rojo libanés", "rubio libanés" y con otros nombres. Se elabora a partir de la planta de marihuana (cáñamo indio, como se le llama en esta parte del mundo) y se comercializa como aceite o en piezas planas que parecen suelas de zapatos pesados».[11]

Salvo por la actitud militar, la escena colombiana se repite. «Sale en camión, barco y avión, y se cree que representa hasta un tercio de todo el dinero que entra al Líbano. El Líbano tiene un gobierno tan solo aparente, pero sus bancos están prosperando y el hachís es una de las principales razones.

"Creo que podemos decir que ,sin duda, el "hachís" es la industria más grande del país", dijo un diplomático occidental que intenta monitorear el tráfico de drogas aquí. Es difícil conseguir cifras exactas, pero se estima que el 80% del valle de la Bekaa se dedica al cultivo de hachís. Hay tanta tierra cultivada con cáñamo indio que el valle, una de las zonas agrícolas más ricas del mundo, ya no puede producir todas las frutas y verduras que el Líbano requiere».[12]

La mayoría de las industrias legales no se acercan a este tamaño. ¿Puede esta industria farmacéutica ser tan vasta y aun así estar prohibida por el Estado? «Y aunque cultivar hachís es técnicamente ilegal, la cosecha se produce todos los años justo bajo las narices de la ley, o lo que queda de la ley. El soldado que dirigía el tráfico en la carretera, que no podía dejar de

---

[11] Kennedy, J.M. (1981, 17 de octubre). «El petróleo del Líbano» sale al mercado: la cosecha de hachís es una realidad rentable en un país devastado por la guerra». *Los Angeles Times*, p. 1.

[12] Ibídem.

notar que se estaba cosechando hachís, dijo: "Cultivarlo es ilegal, pero no es nuestro trabajo detenerlo"».[13] La respuesta burocrática se da ante el imparable libre mercado.

Y el mercado responde. El reportero de la escena anterior entrevistó a un granjero cercano.

«Estaba parado al borde de su cosecha, que en unos días sería cosechada y luego secada en un pequeño cobertizo. Luego lo recogería el hombre que había salido antes para inspeccionarlo y evaluar la calidad de las plantas antes de acordar el precio. «Esta es la mejor manera de alimentar a mi familia», dijo el granjero. "Sin hachís, sería un hombre pobre"».[14]

Si bien algunos pueden argumentar que el gobierno del Líbano se ha derrumbado, ciertamente hay muchos ejércitos (la mayoría compuestos por personas religiosas con fuertes principios antidrogas) marchando por todo el país. Incluso con muchos más gobiernos de los que enfrenta la mayoría de la gente, la Contraeconomía sobrevive. «Se cuenta la historia de un agricultor que posee dos vehículos militares (tanques) para proteger sus campos. Puede que sea una exageración, pero es cierto que los campos prácticamente nunca son perturbados. Demasiada gente tiene interés en el cultivo. Y en general se acepta que los productores pagan dinero por protección a los numerosos grupos de milicias armadas que operan en la zona».[15]

La red entrelazada se extiende también horizontalmente en todos los niveles verticales de la pirámide del capital «Un experto dijo que parte del hachís se envía en avión a los estados vecinos de Medio Oriente y que otra parte se transporta en camiones a través de Siria hasta Turquía y luego a Europa.

---

[13] Ibídem.

[14] Ibídem.

[15] Ibídem.

Se dice que el principal cliente allí son los Países Bajos. Sin embargo, la mayor parte del hachís se consume en Oriente Medio. Egipto es el mayor comprador».[16]

La contraeconomía de las drogas incluye altas finanzas, hasta el sistema bancario internacional. «A los agricultores e intermediarios a menudo se les paga en moneda estadounidense que ha sido "lavada" varias veces antes de llegar al Líbano en un esfuerzo por despistar a los agentes antidroga. Una fuente citó el ejemplo de un comprador que tomó un giro bancario de Ámsterdam y lo depositó en un banco suizo. El dinero fue transferido a Venezuela, a Taiwán y luego a un banco en uno de los estados del Golfo Pérsico antes de llegar finalmente a Beirut.

Las autoridades libanesas estiman que el año pasado ingresaron al país 250 millones de dólares en relación con el comercio de hachís. Este año, la estimación es el doble de esa cifra... "Los bancos están llenos de dinero", dijo un diplomático occidental…»[17]

En el teatro de nuestra Guerra Mundial en el Lejano Oriente, encontramos algunas diferencias en aspectos específicos, pero los fundamentos contraeconómicos siguen siendo cómodamente familiares. «Escondida en los baños de los aviones, cosida dentro de pelotas de béisbol o pegada con cinta adhesiva a los cuerpos de los contrabandistas, la heroína paquistaní está llegando a ciudades de Estados Unidos y Europa occidental en cantidades cada vez mayores y causando preocupación internacional, dicen funcionarios estadounidenses y paquistaníes. El cultivo de opio ha disminuido drásticamente en este valle y en otras importantes zonas productoras del Pakistán. Pero lo que queda es aparentemente más que suficiente para una

---

[16] Ibídem.
[17] Ibídem.

serie de laboratorios subterráneos que comenzaron a producir la primera heroína del país el año pasado».[18]

Recordando que la Contraeconomía no reconoce fronteras estatales, no nos sorprende encontrar una plena cooperación de mercado entre personas de diferentes nacionalidades y denominaciones religiosas a lo largo y ancho de esta pirámide del capital. «Se sabía que al menos cinco químicos iraníes estaban en el territorio tribal semiautónomo de la Frontera Noroeste, donde se encuentra la industria infantil de la heroína y donde los agentes del orden no tienen jurisdicción».[19]

«La heroína es mucho más fácil de transportar (y ocultar) que el opio crudo extraído de las amapolas, y vale la pena realizar la conversión. Diez kilogramos (22 libras) de opio crudo en el mercado actualmente deprimido cuestan alrededor de 300 dólares y rinden un kilogramo de heroína. Esta cantidad de heroína se vende por unos 10.000 dólares en Pakistán, al menos 45.000 dólares en Europa occidental y 175.000 dólares en la costa este de Estados Unidos, dijo un funcionario de la embajada estadounidense. Una vez en manos de traficantes estadounidenses, la heroína se corta y se vende en paquetes. Los ingresos de estos comerciantes ascienden a millones de dólares por cada kilo».[20]

La Contraeconomía es invulnerable al Estado, no mediante el uso de los conceptos estatales de ataque y defensa, sino mediante métodos de mercado, una forma de pensar ajena a los estatistas. Tiene en cuenta las acciones gubernamentales, junto con la oferta y la demanda.

---

[18] «El opio de Pakistán inunda el oeste» (1981, 11 de octubre). *Los Angeles Times*, p. I-5.

[19] Ibídem.

[20] Ibídem.

«Hay un exceso de opio en Pakistán debido a los bajos precios derivados de las condiciones perturbadas en los mercados tradicionales de la "media luna dorada" en Irán y Afganistán. La guerra de guerrillas ha hecho que el envío de opio crudo a través de los pasos montañosos afganos sea demasiado arriesgado y la pena de muerte impuesta por el régimen revolucionario iraní a los traficantes de drogas ha disminuido su entusiasmo por el comercio: para llenar el vacío, los empresarios de narcóticos paquistaníes se aseguraron el conocimiento de refinación y utilizaron las rutas marítimas del Golfo Pérsico o los numerosos enlaces aéreos directos con Occidente para contrabandear la heroína, dijeron las fuentes».[21]

La intercambiabilidad de métodos en la Contraeconomía es muy útil para los empresarios. Aquellos que encuentren desagradables los medicamentos involucrados aún podrían aprender técnicas valiosas para reducir el riesgo. Dentro de la industria farmacéutica, una línea de productos puede resultar instructiva para otra.

«"Varios iraníes que operaban de forma independiente han sido detenidos el año pasado por pura inexperiencia" en Estados Unidos, dijo un funcionario estadounidense. "Pero los paquistaníes han sido más inteligentes al utilizar las redes que habían establecido anteriormente para el hachís "». Pakistán carece del consumo interno en la escala de Irán en el pasado. Pero a medida que la refinación de heroína se expande aquí, los funcionarios antidrogas temen que la demanda de opio aumente».[22]

En 1980, Jamaica, económicamente deprimida, derrocó al gobierno socialista e instaló a Edward Seaga. Parte del problema de Jamaica era su balanza de pagos crónicamente

---

[21] Ibídem.
[22] Ibídem.

negativa, balanza que, naturalmente, no incluía exportaciones contraeconómicas. Seaga amenazó con legalizar el comercio de ganja y contabilizar la marihuana en la balanza de pagos, lo que, según coincidieron casi todos, habría dado a Jamaica un saldo positivo y se habría quitado de encima a los banqueros del Fondo Monetario Internacional.

En lugar de aceptar un retorno a prácticas contables sensatas y una extensión del libre mercado (EE.UU. siempre podría haber reclamado una concesión a la gran religión jamaicana local, los rastafaris), aumentó la ayuda exterior y concedió préstamos. Los rastafaris, por cierto, constituyen una tercera fuerza en la política jamaicana, pero son en gran medida antipolíticos, sin duda por su contacto continuo con la realidad del mercado. (Los rastafaris tienen una red de distribución en todo Estados Unidos y el Reino Unido gracias a la popularidad actual del reggae, la música de su secta, aliada del punk rock).

El gobierno estadounidense no duda en derrocar o desestabilizar a otros Estados que están en el lado equivocado de la Segunda Guerra Mundial contra las Drogas. La junta anticomunista de Bolivia, que derrocó a un gobierno democrático en 1980, fue desestabilizada por la DEA y la CIA. El problema del general Torres no fue su arrogante desprecio por la democracia y los «derechos humanos» (ningún gobierno respeta los derechos humanos) y, ciertamente, tampoco su oposición al socialismo boliviano; por desgracia, se sospechaba que era la principal «protección» militar de la industria farmacéutica boliviana.

Como un jefe de Estado contraeconómico era una contradicción, el general Torres no necesitaba mucha inestabilidad adicional. Aun así, el grado en que esta historia fue aceptada al pie de la letra por muchas revistas y periódicos respetados indica su credibilidad; quienes informan desde Bolivia y se topan con su Contraeconomía están convencidos de que pudo haber sucedido.

Mientras los Guerreros contra las Drogas pierden Colombia, Líbano y Pakistán, y alcanzan un punto de equilibrio o mantienen la línea en Bolivia y Jamaica, donde se decidirá la guerra es en el frente interno. A diferencia de las Guerras Mundiales, donde el suelo estadounidense permaneció intacto, los estatistas estadounidenses se demuestran impotentes para impedir una invasión masiva de los Estados Unidos continentales, por no mencionar una deserción masiva hacia el «enemigo» de gran parte de su ciudadanía.

Guerras contra las drogas: el frente interno

«Los funcionarios federales dicen que el estado de Florida sufriría un serio golpe económico si Estados Unidos pudiera detener la expansión del mercado de cocaína en Estados Unidos. La Agencia Antidrogas de Estados Unidos estima que tres cuartas partes de toda la coca que ingresa hoy a Estados Unidos pasa por el estado de Florida; y que sólo el valor en la calle de la cocaína en Florida supera los 10 mil millones de dólares al año.

The Journal of the Addiction Research Foundation dice que en Florida se genera tanto dinero en efectivo relacionado con la coca que numerosos bancos de Florida se han vuelto dependientes del mercado ilícito de esta droga. Según un funcionario federal citado por *The Journal*, el mercado inmobiliario de Florida «se derrumbaría» si el tráfico de cocaína se detuviera repentinamente, supuestamente porque un alto porcentaje de las compras de terrenos y casas en Florida involucran dinero proveniente del tráfico de cocaína.[23]

---

[23] Los funcionarios federales dicen que el estado de Florida sufriría... (1980, 14 de abril). *Zodiac News Service*.

La misma pirámide de capital, la misma red horizontal y los mismos modos operativos y métodos de reducción de riesgos que vimos en todo el mundo son evidentes en Estados Unidos, el gobierno del mundo más comprometido a aplastar a Devil Weed y Killer Coke. Aun así, Florida es un mercado. ¿Es posible que mantener alejados a esos repugnantes extranjeros con sus sucios hábitos (ver el Capítulo Diez sobre inmigración) pusiera fin a la amenaza de las drogas? Incluso Hawái, el estado de lujosas plantaciones de marihuana y un mercado de futuros de productos básicos para cultivos de marihuana,[24] ¿quedaría aislada con un estricto bloqueo naval?

Desafortunadamente para aquellos que están dispuestos a luchar en las playas, a luchar en las costas y a luchar en las zonas de desembarco, la patria ha caído. El mercado más grande de Estados Unidos, California, también es en gran medida autónomo, literalmente comenzando desde cero.

«En las colinas remotas y los valles sin senderos del norte de California, es hora de tratar lo que aquí llaman la "cosecha feliz". En el brillante calor del mediodía, la hierba alcanza la altura del ojo de un elefante. Pero el visitante casual rara vez ve las plantas altas con dientes de sierra escondidas en parcelas camufladas, vigiladas y llenas de trampas explosivas. Este otoño será una cosecha excelente, con un valor de entre 500 millones de dólares (EE.UU.) y 1.000 millones de dólares, probablemente el cultivo comercial más valioso en el estado dorado, el plato alimenticio de Estados Unidos. Y mucha gente (piratas de poca monta, la mafia, policías en helicópteros, grupos de ayudantes del sheriff, agentes federales de narcóticos) quieren arrebatárselo a los agricultores».[25]

---

[24] El autor tuvo contacto personal con un agente de este mercado de futuros en 1975 pero desde entonces pasó a otras manos.

[25] Scobie, W. (1981). «Suerte en las altas colinas». *Maclean's* 94(41), p. 11.

La agricultura de drogas de California está ascendiendo al nivel del «Rey Algodón» u «océanos fluyentes de grano dorado»; estamos hablando de condados, muchacho.

«El cultivo es cáñamo común, cannabis sativa –marihuana–, y en los últimos tres años ha transformado la vida social y económica de una vasta zona de cinco condados del norte de California, que se extiende desde San Francisco hasta la frontera con Oregón. Es, por supuesto, ilegal, pero en estos 16.000 kilómetros cuadrados de terreno accidentado, los pequeños agricultores consideran que los riesgos bien valen los ingresos anuales libres de impuestos de 200.000 dólares o más que un agricultor diligente puede ganar».[26]

Los políticos no son necesariamente «comprados». Hay lugares como «los potvilles del norte de California, pueblos apartados con nombres extraños (Willits, Garberville, Ukiah) donde los veteranos conservadores y los emprendedores jóvenes y astutos con educación universitaria tienen una alianza incómoda. Quieren que la ley y los jefes políticos de Sacramento, la capital del estado, se mantengan al margen de sus asuntos: en esta zona, deprimida durante mucho tiempo por una crisis de la industria maderera, la marihuana es una bendición». Aun así, los políticos intentan subirse al carro. «El senador estatal Barry Keene anunció que estaba impulsando un proyecto de ley para despenalizar el cultivo. Los efectos nocivos físicos de la marihuana no han sido probados, dijo, «y ahora mismo lo que veo es un negocio multimillonario en el corazón de mi distrito». Algunos «miembros muy responsables de la Cámara de Comercio» le habían preguntado si no tenía sentido despenalizar la marihuana. ¿No "diversificaría

---

[26] Ibídem.

la economía, ampliaría la base impositiva y crearía empleos en esta zona de alto desempleo"?[27].

Es discutible si el IRS podría atrapar a más contribuyentes o no, pero la Contraeconomía ya está diversificada y creando muchos empleos, no sólo sin intervención del gobierno sino a pesar de ella y desafiándola.

Y, como siempre, vemos la pirámide del capital y la red horizontal de la contraeconomía, ejemplificada por el mercado de las drogas. «La marihuana no es sólo una buena cosecha. "Ha disparado el valor de la tierra", dice el agente inmobiliario Roy Johnson. "No es mi trabajo hablar con el Servicio de Impuestos Internos y preguntar de dónde sacan su dinero estos tipos. Demonios, sería discriminación si me negara a venderles la tierra. Así que en Garberville hay más oficinas de bienes raíces que salones en la calle principal».[28]

Un político parece estar preparado para otra rendición de la Prohibición en la Guerra contra las Drogas. «El comisionado de agricultura del condado de Mendocino, Ted Eriksen Jr., reconoció el estatus de la industria al cotizar la producción del condado el año pasado en 90 millones. Una autoridad superior ordenó eliminar la entrada. El amable y tranquilo Eriksen, cuyos antepasados han vivido aquí desde principios de siglo, dice: «Supongo que una cosa es ganar dinero con el alcohol ilegal y otra publicitarlo». En los días de la Prohibición, mi padre solía enviar uvas para vino fuera del estado en una caja con la etiqueta NO APLASTAR ESTO. PODRÍA CONVERTIRSE EN VINO. Simplemente no veo mucha diferencia con lo que está sucediendo hoy. La marihuana es el producto agrícola número uno de este condado. Esta cosecha

---

[27] Ibídem.
[28] Ibídem.

generará más de 100 millones de dólares. Las personas que se niegan a reconocerlo están enterrando la cabeza en la arena».[29]

Afortunadamente para aquellos que desean ver el mercado libre de impuestos, no regulado y contraeconómico, los santos halcones guerreros antidrogas atacarán a esas palomas realistas y comprometedoras: «El año que viene [1982] es el año de elecciones en California, por lo que los políticos estatales ambiciosos no lo hacen. No lo veo del todo a la manera de Eriksen. El fiscal general George Deukmejian, candidato a gobernador, quiere que se despida al comisionado y está emprendiendo acciones judiciales para destituirlo».[30]

California es un país de alta tecnología y la tecnología se sitúa cerca de la cima de la pirámide del capital. «Gracias a la curiosa vida sexual del cannabis sativa, los jóvenes millonarios de la marihuana de California han podido desarrollar una variedad de hierba que supera en potencia y popularidad a especialidades colombianas, mexicanas e incluso a la legendaria Maui Wowie de Hawái. La cultivación actual exige tanto ciencia como tierno y amoroso cuidado. Implica una alimentación forzada con fertilizantes, químicos y orgánicos, y, sobre todo, una «cría selectiva»: la eliminación sistemática de las plantas masculinas del vecindario de las femeninas. Privadas de la compañía masculina, las cabezas no germinadas de la planta femenina exudan una resina oscura que contiene de 10 a 12 veces más tetrahidrocannabinol (THC) que otras variedades. El THC es el agente activo que produce el subidón de los fumadores.

«El resultado es sinsemilla – literalmente, "sin semillas" –, la variedad de pasto más potente del mundo, con un precio de

---

[29] Ibídem., p. 14.
[30] Ibídem.

entre 1.500 y 3.000 dólares la libra, que se vende en la calle a 200 dólares la onza».[31]

Los Guerreros contra las Drogas atacan desde el cielo con muerte líquida, y la Contraeconomía simplemente da cuenta del ataque. «Ayudar a aumentar el precio es el éxito del programa de fumigación con paraquat de México, impulsado por Estados Unidos. Alguna vez pareció que casi cada bolsa de "hierba" vendida era supuestamente el oro de Acapulco en México. Hoy en día, los grandes campos al sur de la frontera de Estados Unidos son devastados anualmente con pesticidas, y la participación de México en el mercado de marihuana de Estados Unidos ha caído a aproximadamente el 10%».[32]

¿No podría la Santa Inquisición rociar a los herejes locales? «Ahora algunos legisladores de California quieren utilizar paraquat en las parcelas del norte. ¿Por qué el contribuyente debería pagar para que ejércitos de agentes antidroga entren allí y se apoderen del material cuando el paraquat podría hacer el trabajo rápida y fácilmente?, pregunta el jefe de policía de Los Angeles, Daryl Gates.

«La respuesta es que los productores, con un fuerte apoyo popular, están adoptando una posición de rechazo a la fumigación (que mata la maleza del bosque y las plantas de maceta). Ayudaron a impulsar una ordenanza local que prohíbe la fumigación aérea, luego propinaron a la frustrada policía otro revés cuando un condado votó en contra de aceptar una subvención federal para ayudar a pagar una "fuerza de ataque sinsemilla" creada por el fiscal general de California».[33]

La mayoría de los contraeconomistas no se rebajan a la política para reducir el riesgo. «Muchos agricultores intentan

---

[31] Ibídem.
[32] Ibídem.
[33] Ibídem., p. 17.

evitar riesgos y reducir costes plantando en tierras ajenas. Los parques nacionales, donde vastos bosques se extienden fuera de los caminos habituales, rara vez reciben turistas, y otras propiedades federales son muy favorecidas. Un agente antinarcóticos en Ukiah, la sede del condado, dice: «Hemos encontrado granjas en una docena de bosques nacionales, en Big South, incluso en la Reserva Militar Hunter-Ligett (un enorme campo de entrenamiento militar)». Otros simplemente lo cultivan en su propio patio trasero. Una abuela de 55 años, Jane Schimpff, arrestada recientemente con una cosecha valorada en 50.000 dólares, dijo que había cultivado sus 60 plantas como "una protección contra la inflación"».[34]

Más sobre la contraeconomía de la inflación en el próximo capítulo. Pero la acción de Schimpff es esencialmente contraeconómica, cualquiera que sea el mercado. «Si hubiera sabido que su plantación era tan valiosa, "Dios mío, la habría tapado mejor"».[35] Seguramente. Y sus asociados lo saben bien.

«Hace dos años, el fiscal general Deukmejian lanzó una guerra total contra las granjas, llevando personalmente a sus agentes a la refriega, seguidos por equipos de televisión. Armada con helicópteros y una serie de dispositivos de guerra electrónica, la fuerza de ataque se apoderó y destruyó toneladas de hierba por valor de millones de dólares.

«Pero a pesar de los enormes botines, los agentes dicen que probablemente confiscan menos del 10% de lo que se cultiva en esta zona».[36] ¿Dónde hemos escuchado esto antes?

Por cierto, Florida ya no es tan inocente en cuanto a la agricultura de la droga. «Un reconocimiento aéreo ha descubierto al menos 155 campos de marihuana en 41 condados

---

[34] Ibídem.

[35] Ibídem.

[36] Ibídem.

del norte y centro de Florida, informaron ayer las autoridades. Agentes federales y estatales han confiscado 51.189 plantas desde que comenzó el proyecto de inspección el 1 de junio, dijo el Departamento de Cumplimiento de la Ley de Florida. Los campos clandestinos incluían uno en el condado de Levy que contenía 13.500 plantas de marihuana de hasta 12 pies de altura».[37]

La Red

No importa hacia dónde vaya el Estado en el futuro próximo. Si se legaliza la «hierba», la «coque», el «polvo» y el «caballo» tomarán el relevo en los laboratorios y las redes de distribución, y los agricultores «rotarán sus cultivos». Algunos productores marginales se mudarán, tal vez para recibir asesoramiento sobre evasión fiscal. Por otro lado, si el Estado prohibiera algo nuevo (cada año se descubren miles de drogas) o viejo, como el tabaco, el mercado se expandirá y entrarán algunos casos más marginales que estaban pensando en cultivar, transportar o comercializar. El Estado no puede ganar, aunque algunos estatistas, que hacen carrera a partir de la amenaza de las drogas, sí pueden. Y la Contraeconomía no puede perder, aunque los riesgos serán eliminados mediante arrestos. Y la pirámide capital sigue creciendo con nuevas tecnologías y técnicas.

El mercado de las drogas nos recuerda lo que hemos visto en la Unión Soviética (capítulo tres), por mucho que eso pueda irritar a los anticomunistas que disfrutaban de esa sección. Quizás les ayude a aceptarlo si se dan cuenta de que una invasión roja de Estados Unidos encontraría la

---

[37] «155 campos de marihuana encontrados en un estudio aéreo de Florida». (1981, 17 de noviembre). *New York Times*, p. 12.

Contraeconomía intacta y lista para extenderse a campos recientemente controlados.

A lo largo del resto del libro se hará referencia intensamente a dos conceptos introducidos en este capítulo: la pirámide del capital y la red horizontal. Antes de dejar las drogas, todavía debemos asimilar plenamente esta última lección. Subamos por el costado de la pirámide de la capital y veamos hasta qué punto este sector de la Contraeconomía afecta a las vidas (notamos un fenómeno similar en el capítulo 1, como recordaréis).

Primero, los consumidores de nuestra base. Cada familia tiene uno o más, incluso comunidades mormonas remotas de Utah o barrios jasídicos retirados de Brooklyn. No tiene sentido insistir en esto, salvo señalar que toda persona que sepa que un miembro de la familia consume alguna sustancia ilícita es culpable de conspiración. Es decir, son la parte «organizada» del crimen sin siquiera tocar nada ilegal. (¿Quién dijo que todavía no tenemos a la Policía del Pensamiento?). En este punto, casi toda la población de América del Norte ya está involucrada.

Pero cada traficante tiene amigos, parientes y conocidos que lo «cubren», tal vez le brindan lugares y escondites seguros: tal vez un compañero de cuarto en la residencia universitaria, tal vez un hermano o hermana de la fraternidad. Y están las personas en la calle, en el patio del campus o en un cóctel en Malibú que ven las transacciones y dejan que sucedan, tal vez incluso advirtiendo espontáneamente al empresario sobre la aprobación de la ley.

Esta red libertaria, que algunos podrían considerar una intrincada red de corrupción, se extiende a través de las comunidades agrícolas rurales a medida que los agricultores o sus sucedáneos diversifican los cultivos en negro. Los laboratorios científicos disfrutan de un poco de pluriempleo y asistentes de laboratorio silenciosos y técnicos de cooperativas se unen a la red sin tarjetas de membresía.

«Las autoridades federales antidrogas se están "quedando atrás" en la lucha contra los laboratorios secretos en este país, que producen ilegalmente estimulantes, depresivos y alucinógenos, dijeron el viernes investigadores del Congreso. La Oficina de Contaduría General dijo en un informe que estas drogas peligrosas y no narcóticas mataron a más de 3.200 personas en 1979, más de cinco veces el número de muertes causadas por la heroína, el principal objetivo de los agentes antidrogas. La mayoría de las drogas sintéticas se producen en laboratorios clandestinos o se desvían de los sistemas legítimos de distribución de drogas, según el informe.

Algunas oficinas de campo de la DEA han logrado "un aumento impresionante" en el número de incautaciones de laboratorios secretos (de 33 en 1975 a 234 en 1980), pero los laboratorios ilícitos continúan floreciendo, dice el informe».[38]

Los talleres pueden descubrir que están suministrando y reparando muchos vehículos pagados en kilos en lugar de dólares, o al menos en efectivo. En cualquier caso, no rellenan ningún documento sobre sus trabajos ni preguntan por qué tienen parachoques huecos o puertas ocultas. Los técnicos de hangares en aeródromos y los trabajadores portuarios en puertos deportivos consideran que el silencio puede ser el oro de Acapulco. Y luego están los familiares y amigos que descubren, accidental o casualmente, de dónde provino ese bonus y, en lugar de informarlo rápidamente como exige la ley, se unen a la red.

---

[38] Ostrow, R.J. (1981, 14 de noviembre). «Los agentes antidrogas se enfrentan a una sobredosis en laboratorios secretos: la GAO acusa a los agentes de la ley de perder la batalla contra los no narcóticos». *Los Ángeles Times*, p. 10.

En la cima de la pirámide de capital, bien podemos encontrar que la red se extiende desde los banqueros que saben de dónde provienen sus grandes depositantes pero –oficialmente– no su dinero… a sus familiares y amigos en el club de campo y el registro social, incluidos los donantes de campaña, abogados… y jueces. En este punto, intereses creados parece un término apropiado para los hilos que unen la red.

Arriba y abajo, extendida por toda la sociedad, desde artistas bohemios hasta investigadores químicos, desde los barrios bajos hasta las salas de juntas, y desde Watts hasta Beverly Hills, la red crece, perdiendo algunas hojas, ramas y raíces, pero sin dejar de brotar. Las afinidades y la confianza que completan esta estructura esquelética pueden extenderse a la resistencia fiscal, la evasión militar, la protección contra la inflación (próximo capítulo) y todas las demás formas de contraeconomía que cubre este libro.

A menudo, la Contraeconomía de las Drogas es el primer contacto que la juventud occidental tiene con lo que sus homólogos orientales tratan desde el nacimiento (y con el movimiento de Home Birth –ver capítulo trece– que también puede cambiar): los «bienes de la mano izquierda». Es una lección que les será de gran utilidad cuando se topen con una red tras otra en el mercado que realmente sirve al mundo: la Contraeconomía.

«El apetito de Estados Unidos por la marihuana parece insaciable. Al menos 11 toneladas al día se esfuman y los consumidores exigen cepas de la droga cada vez más potentes. El Dr. Peter Bourne, ex asesor de la Casa Blanca y autoridad en materia de drogas, estima que la industria de la marihuana se encuentra entre la media docena de fuentes de ingresos más importantes del país, con un total de alrededor de 50 mil millones de dólares. Bourne, partidario de penas menores por posesión (pero no de la legalización), llama a la marihuana "el problema de drogas más difícil del país, la pesadilla de los políticos"».[39] Y el deleite de un contraeconomista.

Un problema que tienen estas redes es el problema del uso del dinero; es decir, la utilización de la moneda monopólica del Estado. «Cuatro millones de dólares, en billetes pequeños, es un poco como un San Bernardo: bonito, pero difícil de ocultar. Entonces, cuando los agentes federales irrumpieron en la oficina de una red de narcotraficantes de Miami el agosto pasado, encontraron un montón de dinero del tamaño de un refrigerador pequeño. El botín de 4 millones representó el flujo de efectivo de dos días para una operación de contrabando, haciéndose pasar por una empresa de cambio de divisas, que según las autoridades había estado operando en el sur de Florida durante 15 meses. La redada pone un nuevo énfasis en una vieja herramienta de aplicación de la ley: atrapar a los delincuentes mediante el seguimiento de sus ganancias. Pocos traficantes de drogas aceptan MasterCard o Visa, por lo que los mayoristas acumulan rápidamente cajas, bolsas y maletas llenas de billetes de 10 y 20 dólares.

«"Es un problema logístico muy grave para los delincuentes mover tanto efectivo", dice William Meglen, director de la división de investigación monetaria del Servicio de Aduanas. "Quiero decir, estamos hablando de volumen"».[40]

Pero la Contraeconomía no es más que innovadora e ingeniosa. «Los delincuentes frustrados a veces intentan transferir el dinero de formas inusuales. María Rojas de Bogotá, Colombia, fue arrestada en el aeropuerto de Miami el año pasado llevando 1,5 millones de dólares en ocho cajas de Monopoly

---

[39] Scobie, W. *op. cit.*, p. 11.

[40] Grier, P. (1981, 29 de octubre). El papeleo que solían hacer los traficantes de drogas: las ganancias rastreadas mientras los agentes federales presionan contra los delincuentes cargados de dinero en efectivo. *Los Angeles Times*.

«selladas de fábrica». En Florida, son comunes las historias de clientes que pagan por automóviles de lujo con bolsas de dinero. Un presunto traficante de cocaína pagó en efectivo por varias propiedades inmobiliarias, un Rolls-Royce y un yate de 18 metros.

«Miami se ha vuelto conocida como el Wall Street de este dinero clandestino. Las autoridades federales señalan lo que llaman una cantidad "grotesca" de moneda que fluye hacia el Banco de la Reserva Federal de Miami, donde los depósitos saltaron de alrededor de 471 millones de dólares en 1974 a más de 4 mil millones de dólares en 1979».[41]

Lo que los vendedores de sustancias necesitan aprender es lo que nuestros rebeldes fiscales están aprendiendo: cómo salir del sistema monetario del Estado, al menos parcialmente. Y una razón adicional, que todos comparten con el resto de la economía, es la depreciación por parte del Estado del medio de cambio forzoso: la inflación.

Y así, como era de esperar, el mercado responde con una contraeconomía inflacionaria.

---

[41] Ibídem.

.

Capítulo cinco

CONTRAECONOMÍA DE LA INFLACIÓN

Inflación: el gran contraeconomizador

La inflación conecta e interactúa con toda la contraeconomía, desde los impuestos hasta las drogas (como acabamos de ver y veremos más adelante) y más allá. Sus efectos, y los recientes intentos de comprender su naturaleza y funcionamiento, han sido un gran radicalizador para los norteamericanos. Los europeos del Este y del Oeste y del Tercer Mundo se han visto tanto, si no más, afectados por la inflación, y han tomado medidas contraeconómicas contra ella (más espectacularmente en Polonia y en los países latinoamericanos más inflacionarios), pero la toma de conciencia allí no ha igualado la de los europeos. América del Norte, donde a principios de los años setenta surgió todo un género de libros de no ficción que predecían una inflación mayor y más catastrófica, aconsejaba medidas a tomar contra la ruina económica (principalmente medidas prácticas para individuos y familias) y, lo más espectacular, anticipaba correctamente el aumento del precio del oro.

La inflación afecta –o contamina– gran parte de la economía (y la contraeconomía) porque el dinero está involucrado en la mayoría de las transacciones en una economía desarrollada. Las excepciones se enumeran fácilmente: beneficio «psíquico» de ganancia emocional y trueque. Pero incluso muchas cosas (si no la mayoría) hechas por amor implican costes en bienes y servicios, y el trueque «en la superficie» es mucho más costoso que la transacción de mercado equivalente con alguna forma de dinero. (El trueque contraeconómico es otro concepto completamente diferente, como pronto se demostrará).[1]

El impacto de la repentina conciencia de una víctima de la inflación que descubre qué es el dinero y cómo su gobierno lo manipula es fácilmente comparable con el de un cómodo patriota que se enfrenta a una notificación de reclutamiento y descubre que esa guerra no tiene sentido. O la conmoción de un hombre de negocios conservador al descubrir que los impuestos que lo destruirán no sólo estaban justificados por su amada Constitución, sino que el gobierno federalista organizado por primera vez bajo la Constitución aplastó rápidamente a los rebeldes del Impuesto al Whisky de Pensilvania.

Sin embargo, algunas víctimas suelen vivir la guerra y los impuestos con ligereza y otras con dureza. La inflación es el gran contraeconomizador: saquea todo, aunque, hay que subrayar, ese saqueo va a parar a alguien. Las viudas, los huérfanos, los discapacitados y los devotos retiristas religiosos están exentos de la guerra y de los impuestos, pero no de la inflación.

El estudio mismo de la Contraeconomía y su desarrollo por parte de este autor comenzó con la gran Ola del Insecto Dorado de 1972-73. Harry Browne en particular, junto con Harry Schultz, y más tarde Douglas Casey y John Pugsley y muchos

---

[1] Un libro reciente, *Cómo prosperar en la economía subterránea*, de Larry Burkett con William Proctor (William Morrow & Company, 1982), pasa completamente por alto este punto. No hay nada «clandestino» —o al menos contraeconómico— en los acuerdos de trueque cuando los libros están abiertos al Servicio de Impuestos Internos.

otros, dieron un gran paso respecto del viejo movimiento económico de libre empresa, identificado en gran medida con la derecha política. Donde estos activistas antiinflacionarios se alejaron de los conservadores fue al defender y demostrar en qué punto los individuos podían realizar acciones concretas para salir de la economía general y protegerse. Los libreempresarios conservadores continuaron pidiendo apoyo a un gobierno diferente que haría retroceder al Estado a través de cualquiera de los partidos políticos: demócratas, republicanos, libertarios; incluso el izquierdista Partido Paz y Libertad fue considerado como vehículo durante un tiempo (1974).

Harry Browne dio un paso más más allá del género «Cómo puedes prosperar a partir del colapso que se avecina» con su «Cómo encontré la libertad en un mundo sin libertad». Browne descubrió lagunas en la red de regulaciones del Estado, no sólo en materia de protección contra la inflación sino en todo el mercado. Es decir, uno podría evadir legalmente (o al menos no ilegalmente) todos los impuestos, la inflación y los controles. Por supuesto, esta libertad tenía un alto precio en un mundo sin libertad.

Los fallos en las posiciones de Browne (véase el capítulo diecisiete) desanimaron a algunos de sus numerosos lectores, pero animaron a otros a dar el siguiente paso. Uno de los defectos de vivir en los intersticios de Browne era que uno se veía obligado a ir inadvertidamente adonde el Estado indicaba. Existía un riesgo adicional de que el gobierno pudiera cambiar de opinión y tomar medidas drásticas, y normalmente lo haría tan pronto como alguien (como Browne) hiciera públicos y populares estos intersticios.

Y así, este autor y algunos otros dieron el paso final en 1973: ¿por qué no aplicar las lecciones de evadir las regulaciones y controles del Estado para escapar de la aplicación de los controles por parte del Estado? Para sorpresa de la mayoría de nosotros, los tipos teóricos, encontramos que ya existía un mercado plenamente floreciente, sin ser conscientes de por qué deberían estar haciendo lo que estaban haciendo.

El oro resultó el catalizador y eso no fue casualidad. Varios libertarios que estuvieron involucrados en el contrabando de oro y luego lo exhibieron públicamente, desafiando a los Estados americanos a arrestarlos, descubrieron que en gran medida no los molestaban. La idea se amplió: si el Estado resultaba impotente para suprimir el oro cuando era ilegal, entonces ¿qué nos impedía realmente sustituir el papel moneda de Estados Unidos por oro, al menos en nuestras transacciones?

Y así sucedió que un banco de oro (bajo un nombre falso, por supuesto) se desarrolló y está floreciendo hoy. Pero para comprender las implicaciones de este evento y cuán apocalíptico es, la Contraeconomía tendrá que revisar un poco de economía básica.

La naturaleza de la inflación

La palabra inflación se utiliza de dos maneras, lo que aumenta la considerable confusión sobre el tema. En la mayoría de los casos, evoca un aumento de precios. La definición original y adecuada es mucho más clara y se utilizará aquí. La inflación es el aumento de la oferta monetaria fiduciaria (creada por el gobierno). Una de sus consecuencias es un aumento general de los precios (aunque los precios individuales pueden ir en contra de la tendencia).

El dinero es un medio de cambio. Como han descubierto muchos de los que han experimentado con la reciente moda del trueque, tener algo popular para intercambiar, facilita enormemente la búsqueda de socios comerciales. Puede que alguien quiera mucho tus cuadros al óleo, pero lo que necesitas son zapatos, no el concierto musical que te ofrecen. ¿Quizás a un zapatero le gusta la música...? Si la mitad de los socios comerciales fuman, el tabaco se convertirá (y a menudo se convierte) en un medio de intercambio. Incluso los no fumadores lo aceptarán, ya que conocen muchos fumadores con quienes comerciar.

Históricamente, la gente pasó por varios medios de intercambio diferentes. Cuanto más universalmente aceptada era la mercancía, más dinero generaba. La durabilidad fue útil para ahorrar: ¿Quién quería que se estropearan sus ahorros? Y cosas como la fácil divisibilidad para el cambio, la compacidad y la consistencia de la calidad mejoraron el aspecto monetario. Por buenas razones químicas sólidas, una sustancia se convirtió en la elección obvia y única, y sus primos más cercanos en la tabla periódica fueron las alternativas preferidas.

Oro, plata, cobre, platino y paladio: estas son las formas materiales elegidas para encarnar la tan útil abstracción del dinero. En francés, la palabra dinero es plata (argent). Oro es sinónimo de dinero en danés (geld). Las libras esterlinas eran libras de plata, incluso el dólar definía una medida (española) de metal precioso.

El dinero fiduciario es dinero impuesto por el Estado. A veces, el rey simplemente ratificaba la moneda vigente y se contentaba con poner su imagen real o imperial en una medida de metal precioso acuñado para «garantizar» su valor. En realidad, el valor se estaba contagiando en la otra dirección; ¿cuántos gobernantes fueron «tan buenos como el oro»?

En lugar de garantizar el valor, comenzando al menos en el Imperio Romano, los gobernantes degradaron las monedas aleándolas con metales comunes o «recortando» los bordes para que un peso menor al esperado (masa, en realidad, por el bien de la pureza) fuera ofrecido a cambio. Sin entrar en detalle en la larga historia del dinero, es justo decir que la relación entre el Estado y el dinero es corrupción y fraude. Si el dinero es la raíz del mal, la raíz del mal dinero es el gobierno.[2]

El dinero fiduciario es dinero impuesto por fiat. No se genera voluntaria ni espontáneamente en el libre comercio entre adultos que lo consienten. Sólo Estados Unidos ha tenido varios episodios severos de inflación a través del dinero fiduciario, comenzando con los «continentales» de la Revolución. También existe un fuerte vínculo entre guerra e inflación: los países continentales, los billetes verdes de la Guerra Civil/Guerra entre Estados, la grave inflación de la Primera y Segunda Guerra Mundial, Corea y Vietnam. Esto no es una coincidencia, pues la inflación es una forma impositiva y para librar guerras se necesitan muchos impuestos.

Al igual que los impuestos, es necesario imponer la inflación. El mecanismo de imposición de dinero fiduciario es la ley de curso legal. Uno debe aceptar los certificados degradados en papel del gobierno que supuestamente representan dinero o enfrentar sanciones legales.

En la China nacionalista, justo antes del colapso de su control sobre el continente, la inflación de la moneda era tan severa (para financiar la Guerra Civil China) que los comerciantes que desafiaban los controles monetarios y de precios fueron alineados y fusilados por funcionarios del Generalísimo Chang-Kai-Shek. Mao Tse-Tung prometió oro y se ganó a los pequeños «capitalistas» para su régimen comunista.[3]

---

[2] Recientemente se ha publicado mucha literatura sobre la naturaleza y la historia del dinero, desde folletos estridentes hasta análisis económicos exactos pero opacos. Uno de los libros más precisos, fáciles y agradables de leer sigue siendo ¿Qué ha hecho el gobierno con nuestro dinero? por el Dr. Murray N. Rothbard, un ex alumno de Ludwig Von Mises y un economista poco común que no sirve a los intereses de ningún gobierno o gobierno potencial.

[3] Según economista-historiador profesor Murray N. Rothbard, PhD.

Si los comerciantes se arriesgan a morir en lugar de aceptar dinero fiduciario inflado, entonces el vínculo entre hiperinflación y revolución no es una coincidencia. A falta de una agitación generalizada, la Contraeconomía se ve fuertemente estimulada por una poderosa inflación. (Los controles de precios, utilizados a menudo para combatir la inflación -como mantener bajo el mercurio en un termómetro para combatir la fiebre- convierten a casi todo el mercado en un mercado negro de la noche a la mañana). El acaparamiento de oro es común incluso entre la gente pobre de los países europeos y de los latinoamericanos con repetidos episodios de hiperinflación.

Los norteamericanos son las personas más complacientes del mundo a la hora de aceptar dinero fiduciario como dinero real. Una de las razones es que el último colapso de la moneda fue hace doscientos años en los EE.UU. Pero la actual degradación creciente del dólar estadounidense está sacudiendo esa confianza, y provocando la huida hacia el oro legal, los activos extranjeros y las divisas extranjeras. Y las medidas contraeconómicas se están acelerando.

Aunque hay algunos factores secundarios (que en su mayoría pueden eliminarse a largo plazo), el «precio del oro» no ha aumentado drásticamente. El oro es el medio de intercambio más estable posible. El precio del dólar en términos de oro ha caído drásticamente. En términos de la definición original del peso en oro del dólar (la usada durante la década próspera de 1814 a 1914, con un dinero en general fuerte), el dólar actual vale tres centavos por cinco centavos. Si alguno de vosotros recuerda que a principios de siglo una cerveza con almuerzo gratis costaba cuatro centavos, podrá ver que la relación de precios sigue en línea.

Es bastante obvio, que si las personas son libres de elegir su propio dinero, como han sugerido recientemente algunos economistas[4]–es decir, la gente es libre de rechazar una forma de dinero y contratar el pago en otra– ,entonces, o el gobierno se comportará y simplemente certificará de manera superflua la medida del dinero (que siempre puede controlarse por medios físicos y químicos) o el gobierno descontará el dinero y se aplicará la Ley de Gresham.

La Ley de Gresham apunta que «el dinero malo expulsa al bueno». (El dinero «bueno» se atesora y el «dinero malo» se da en pago y, por lo tanto, predomina en la circulación). Esto termina con el «auge de la crisis», cuando el «dinero malo» no tiene valor.

La naturaleza de la inflación, entonces, es que es una forma de robo por parte de los gobernantes. La oferta monetaria es primero controlada por el gobierno y luego el Estado aumenta el número de unidades mediante diversas manipulaciones contables.

Más dólares persiguiendo la misma cantidad de bienes es inflación, en una palabra. Tiene otros efectos, pero, salvo para unos pocos privilegiados, son abrumadoramente negativos para la mayoría de las personas. Para comprender la naturaleza apocalíptica de la inflación y el creciente movimiento contraeconómico de supervivencia, se necesita un rápido esbozo de los efectos cataclísmicos a largo plazo.

Inflación y supervivencia

La inflación causa depresiones; las depresiones motivan una mayor inflación. La espiral se repite hasta un punto crítico en el que el sistema monetario colapsa: el «auge de la crisis»

---

[4] El economista austriaco ganador del Premio Nobel Friedrich von Hayek sugiere ahora que se permitan monedas competidoras y que el Estado «desnacionalice» el dinero.

de Ludwig Von Mises. Un ejemplo dramático reciente fue el de Alemania en 1923. El descrédito de los partidos políticos gobernantes condujo a la toma del poder por parte del nacionalsocialismo y al Tercer Reich, un acontecimiento que la mayoría consideraría catastrófico.

Parece paradójico que muchos asesores de inversiones, analistas de mercado, fanáticos del oro y similares, aparentemente sensatos, estén fuertemente comprometidos con escenarios pesimistas del «fin del mundo». El boceto anterior explica por qué.[5]

---

[5] La mayoría de los escritos de base económica austriaca han explicado el ciclo económico en detalle desde la histórica publicación de la tesis doctoral de Ludwig von Mises: *La teoría del dinero y el crédito* (1912), [Ed. esp.: Unión Editorial, Madrid 2012]. Explicó la Gran Depresión 19 años antes de que ocurriera. He aquí un esbozo más extenso para aquellos que deseen evitar buscar referencias: aumentar la oferta monetaria da a los primeros receptores de la fila (gobernantes, bancos, contratistas del gobierno) más poder adquisitivo. Ofrecen ciertos recursos a los precios anteriores e indican a los productores que produzcan más porque creen que pueden ganar más dinero. Al final se produce un aumento general de los precios, la gente descubre que puede permitirse mucho menos con el mismo dinero y reduce sus gastos. Las empresas con inversiones excesivas que habían aumentado la producción ahora reciben señales para reducir la producción, y se dan liquidaciones («ventas de liquidación» y «ventas de cierre del negocio») y despidos. Este desempleo y pérdida de capital se denomina depresión (o recesión, u otro eufemismo como «reajuste continuo»). Podría terminar ahí, pero los empresarios en quiebra y los trabajadores desempleados, presos del pánico, piden más dinero para resolver el problema. El gobierno amablemente imprime más. Pero, para engañar al mercado nuevamente y llevarlo al primer auge (u otro similar), tiene que imprimir más de lo esperado. (Después de todo, todo el mundo ya ha visto cómo suben los precios, y asume que seguirán subiendo al mismo ritmo y descuenta el dinero en consecuencia). Al final, la gente se da cuenta de que los engañarán nuevamente y anticipan cualquier aumento. En ese punto, el dinero se gasta tan rápido como se recibe (lo que Mises llamó la «huida hacia bienes reales»), a los trabajadores se les paga dos o tres veces al día, las deudas deben refinanciarse diariamente o incluso cada hora. Finalmente, la gente tira el dinero sin valor

Los supervivientes ven una inflación galopante en todo el mundo y un colapso de la oferta monetaria. La extrapolación de las condiciones actuales a lo largo de líneas económicas históricamente verificadas les demuestra que tienen razón. Y por eso almacenan oro, plata y mercancías en lugares remotos del extranjero o en las tierras salvajes de América del Norte.

Los supervivientes suelen estar dispuestos a evadir y violar leyes y controles. Después de todo, si el fin del mundo se acerca (y el gobierno es responsable), ¿por qué se debe obedecer al Estado? Y así dan el paso hacia la Contraeconomía.

Los actos contraeconómicos típicos de los supervivientes son la evasión de impuestos (por supuesto), la evasión del control de divisas (para almacenar su dinero de forma segura y encubierta en bancos extranjeros), la evasión de las regulaciones de construcción (para retiros de supervivencia), la evasión del control de armas y el control de drogas (para abastecer sus refugios), contrabando (si desean retirarse en el extranjero) y la evasión de todas las leyes de divulgación obligatoria. Esto último es necesario: Si el gobierno puede encontrarte a ti, tu dinero y/o tu refugio de supervivencia, cuando llegue la crisis, ¿de qué sirvieron tus preparativos?

Aportando oro y bienes, e incluso los pobres podían hacerlo[6], se facilitó el paso a un sistema monetario contraeconómico. Sólo hizo falta que alguien se diera cuenta de que no era necesario esperar el eventual colapso para reemplazar el dinero

---

para utilizar monedas extranjeras, trueque y el oro. Este es el *boom* del *crack* que pone fin a la inflación galopante. Hay varios ejemplos históricos de ello y parece inevitable. Chile rompió el ciclo mediante una severa dictadura militar en 1973. Para un relato ficticio trepidante de un auge del *crack-up* en los Estados Unidos en un futuro cercano, ver *Alongside Night*, de J. Neil Schulman (Ace Books, 1982). Schulman comprende plenamente la teoría de la Contraeconomía (agorismo) y su trama se resuelve con el final optimista del triunfo agorista.

[6] Consulta *La estrategia Alpha* de John Pugsley para obtener detalles útiles.

134

que los fanáticos del oro y los supervivientes (ahora millones), consideraban que era impuesto por la fuerza, intencionalmente degradado y menos preferible que una materia prima superior. Y así se introdujo el Banco de Oro. Y dado que algunas de sus operaciones –incluso con el intersticio de Browne– eluden las leyes, y todas ellas serán declaradas ilegales cuando la inflación se desboque (a juzgar por la mayoría de los relatos históricos), el Banco del Oro debe ser contraeconómico. Y lo es.

Siempre existe la posibilidad de que el gobierno entre en razón y deje de inflar. Esa esperanza fue, al menos para América del Norte, aplastada por la elección y la «traición» de Ronald Reagan como presidente, generalmente considerado el defensor más serio del «dinero duro» que podría ser elegido para el gobernar. Su Comisión del Oro se negó a respaldar un patrón oro para el dólar estadounidense, la oferta monetaria de Estados Unidos está siendo impulsada para la próxima vuelta de la espiral, que subirá más alto que nunca. La desmoralización de los partidarios moderados del oro puede, en realidad, ser suficiente para desencadenar la huida hacia bienes reales en este ciclo.

Puede que a algunos les sorprenda descubrir que la Contraeconomía en realidad ofrece una esperanza considerable. La oferta monetaria podría ser reemplazada –ilegal pero pacíficamente– antes de que se produjeran las dislocaciones más severas del *crack-up boom*. Cómo se está haciendo (y cómo puedes participar) se explicará a partir de la vida real después de una última prueba preliminar.

Dinero contraeconómico

La gente común necesita protección contra la inflación. Afecta a todos (nadie puede realmente obedecer todas las leyes, ya que muchas se contradicen entre sí). Los contraeconomistas (los descritos en los capítulos anteriores y próximos) necesitan una moneda segura. ¿Qué significa eso?

«Un banquero y otras tres personas fueron condenados el martes por participar en un plan para lavar dinero de la droga a través del Garfield Bank.... Un jurado federal deliberó menos de dos días antes de declarar a los cuatro culpables de conspiración e incumplimiento de las leyes que exigen a los bancos presentar informes sobre depósitos de más de 10.000 dólares».[7]

Todos los contraeconomistas necesitan formas de realizar transacciones financieras libres de las miradas indiscretas del gobierno para reducir considerablemente sus riesgos. Para evadir la declaración de ingresos, la mayoría también evade impuestos. Algunos resuelven el problema comprando bancos.

«John A. Gabriel, ex presidente del banco [Garfield] y presidente de la junta directiva, fue acusado junto con los demás en julio. Se declaró culpable de no informar casi 500.000 dólares en transacciones de divisas. Gabriel y el banco han pagado al gobierno casi 2,3 millones de dólares en multas».[8]

Ser propietario de un banco fiduciario que opere de forma antieconómica es útil, pero no mucho más arriesgado que operar un banco de oro. El oro también tiene la ventaja para los traficantes de drogas, los contrabandistas y todo tipo de contraeconomistas que operan en el extranjero, al ser un medio de cambio mucho más universal que incluso el dólar.

«El oro en el mercado negro de Moscú alcanza ahora precios equivalentes a 2.400 dólares la onza, cerca de cuatro veces más que los precios mundiales actuales, según fuentes familiarizadas con el comercio. En otras partes del país, como

---

[7] Morain, D. (1981, 16 de diciembre).
[8] Ibídem.

136

en el Asia central soviética, se dice que los precios son aún más altos».[9]

El dinero fiduciario soviético es el más rígidamente controlado. ¿Se está inflando el rublo? «La inflación también golpea al mercado negro. Una fuente dijo que una moneda de oro zarista de cinco rublos que costaba el equivalente a 100 dólares en el mercado negro en la década de 1960 ahora cuesta cerca de 400 dólares. Incluso los empastes de dientes de oro se pueden cotizar a precios elevados».[10]

En otras palabras, todas las razones del dinero contraeconómico en América del Norte se aplican a la Rusia más oscura. «Es comprensible que las personas que han adquirido dinero de forma ilegítima se muestren reacias a depositar grandes sumas en bancos controlados por el Estado por miedo a preguntas desagradables. Mantener grandes cantidades de dinero en casa también es peligroso. Desde la revolución bolchevique de 1917, la moneda nacional ha sido cambiada varias veces, y el «dinero viejo» ha perdido su valor después de cada reforma...

"Cualquiera que no quiera tener que rendir cuentas de cómo obtuvo su dinero podría tender a invertirlo en oro", dijo un escritor moscovita que pidió no ser identificado. "De esa manera, siempre es seguro"... El mercado negro ofrece confidencialidad sin preguntas».[11]

El colapso de Camboya muestra tanto la universalidad del oro como su función de redentor durante el colapso económico. «A pesar de la prohibición impuesta por Tailandia al comercio transfronterizo, el río de oro que comenzó a fluir desde Camboya en 1979 con la primera ola de refugiados

---

[9] Kent, T. (1980, 4 de septiembre). «El mercado negro del oro prospera en Rusia». *Associated Press*.

[10] Ibídem.

[11] Ibídem.

hambrientos continúa, alimentando un mercado negro que distribuye bienes escasos en la Camboya gobernada por vietnamitas y bombea millones de dólares. en la economía tailandesa. «El negocio está mejor que nunca», dijo un comerciante camboyano sobre el «mercado de metales» no oficial que opera en Nong Chan, uno de los varios asentamientos no oficiales de refugiados a ambos lados de la frontera».[12]

La relación entre riesgo y ganancias –la base de la Contraeconomía (ver capítulo dieciséis)– es claramente visible a partir de la relación entre el precio del oro y la distancia (hasta el peligro percibido). «En pequeños puestos en Nong Chan y campos fronterizos similares, productos como jabón, pilas para linternas, bolígrafos y arroz se venden por sólo un poco más que en la cercana ciudad comercial tailandesa de Aranyaprathet. A medida que los productos se adentran más en Camboya, los precios aumentan en consecuencia, dijeron los observadores...

"Es un viaje de regreso peligroso (a Camboya), por lo que esta gente quiere una buena tasa de retorno", dijo [un diplomático occidental], y agregó que algunos de los bienes realmente llegan a Vietnam».[13] Quizás la Contraeconomía tenga su propia versión de la venganza.

Anteriormente se dijo que la inflación es un buen factor de concienciación o contraeconomizador. ¿Qué tal el mercado negro de Tailandia provocado por el colapso monetario? (Sabemos que los camboyanos están radicalizados).

«Los esfuerzos del gobierno tailandés por detener el mercado negro han enfurecido a los aldeanos tailandeses, quienes

---

[12] «Los cautelosos comerciantes de oro alimentan el mercado negro: los vendedores tailandeses a menudo visten harapos» (1982, 10 de enero). *Los Angeles Times*, pp. 2-7.

[13] Ibídem.

dicen que el comercio está más activo que nunca, pero que está reservado a los militares. "Si vas a la frontera a vender a los camboyanos y los soldados toman tus cosas, las venden y se guardan el dinero delante de ti, ¿cómo te sientes?", preguntó un comerciante tailandés. «Antes del mercado negro, a la gente le gustaban los soldados», dijo. "Ahora el 90% de la gente les teme".[14]

Incluso con todo este oro, se utilizan los bancos. «... el diplomático dijo que las recientes transferencias diarias de fondos desde Aranyaprathet a Bangkok en un banco tailandés habían aumentado de una miseria antes de 1979 a 500.000 dólares».[15] Se necesitan bancos por dos razones: para manejar cómodamente grandes sumas de riqueza y para interactuar con el mercado blanco o de superficie.

En realidad, hay otras maneras de manejar las grandes riquezas de manera contraeconómica. Drogas como la cocaína y las gemas son fáciles de contrabandear y ocultar. La interconexión con el resto del mercado es mucho más valiosa para la mayoría de los contraeconomistas a gran escala. Los ricos simplemente sobornan para entrar en bancos aparentemente legítimos.

Entonces, ¿qué hacen el contraeconomista más pobre y el de clase media?

Oro conveniente

Los cambistas y otros intermediarios se han ocupado del problema del «blanqueo» de dinero negro para convertirlo en blanco. Cuando el dinero en sí es el problema, uno necesita mantener la mayor parte de su dinero en negro (en dinero fuerte ilegal o

---

[14] Ibídem.
[15] Ibídem.

que pronto será ilegal). Uno puede quedarse con mercancías de contrabando, asumiendo un riesgo adicional y convirtiendo sus activos cuando llegue el momento. Muchos supervivientes consideran que esto encaja muy bien en sus planes.

Supongamos que pudiera depositar dinero fiduciario en lo que parece ser un banco. Este banco contraeconómico convierte su depósito en oro y lo mantiene en oro, a salvo de los estragos del gobierno. ¿Tienes una factura que pagar? Emite un «cheque» y el Banco Contraeconómico del Oro (en adelante BCO) convertirá el oro en dólares al precio actual y te enviará un cheque bancario normal junto con tu documentación. ¿Tienes que pagar una factura contraeconómica? Escribe un cheque de oro a tu socio comercial, quien puede cobrar oro del BCO o depositarlo en su cuenta de oro sin utilizar dólares ni tener evidencia externa de la transacción.

Semejante descripción no es sólo el sueño de todo contraeconomista, sino también el de cualquier trabajador a tiempo parcial, superviviente, fanático del oro o incluso de viudas y huérfanos devastados por la inflación. Ya está aquí, al menos en el sur de California, adelantado a su tiempo.

El banco contraeconómico

El BCO es una innovación honesta. Muchas, si no todas, de las denominadas «profesiones más antiguas del mundo», son antieconómicas, pero el C-EGB es realmente algo nuevo. El auge de la Contraeconomía de la Información (ver capítulo seis) tiene algo que ver con esto, pero en gran medida debe su existencia a una mayor comprensión de la teoría económica combinada con acciones contraeconómicas (ver los últimos tres capítulos).

Es difícil poner en marcha a los bancos, o incluso a los bancos cercanos. La confianza debe ganarse, de forma lenta y dolorosa. Desde el aumento de la conciencia de 1972, varios lo han intentado y han fracasado. Uno, sin embargo, ha tenido éxito y después de 16 años de operación continua es ahora el centro financiero de varias «empresas de libre mercado», incluidas imprentas, tipógrafos, fabricantes de artículos de cuero, consultores informáticos y varias empresas nuevas que comienzan en cualquier momento. Volveremos a esta «Comunidad Agorista» cerca del final del capítulo y con más detalle sobre su funcionamiento cerca del final del libro.

Este BCO en particular se llamará A&Co. Debido a las leyes relativas a los estatutos bancarios (el gobierno mantiene un estricto control sobre los bancos), A&Co. nunca se llama a sí mismo banco en su literatura introductoria, sino que simplemente se refiere a sí mismo como «un fideicomiso comercial de libre mercado» y opera abiertamente, pero no entrometidamente.

El principal folleto explicativo de A&Co sobre su funcionamiento tiene algunos eufemismos, pero llama directamente al libro «Cuentas de oro actuales»: un instrumento monetario de libre mercado. Después de dos páginas de introducción a la economía de la inflación, «Cuentas Actuales de Oro» va directo a los detalles. El dinero se define en gramos de oro (una onza troy equivale a 31,10 gramos). Desde el principio, A&Co quiere que se firme un contrato con el titular de la cuenta. (Ver capítulo catorce: Contraeconomía de la Justicia).

La mecánica es sencilla y precisa. «Los tipos de cambio de depósito-pago para cuentas de oro corrientes son:

> actualmente se determina una vez al día, cuando los mercados del oro están abiertos, a la 1:45 p. m. Cuando nuestro volumen lo permita, determinaremos las tasas con más frecuencia durante cada día hábil;basado en la moneda de oro con la prima más baja disponible, que a veces produce tasas

de depósito con un descuento de los lingotes de oro y tasas de pago con una prima sobre los lingotes de oro.

«Las cuentas de oro corrientes actualmente ganan 1,0% anual, pagadero mensualmente, sobre saldos entre 100 gramos de Au (Au es el símbolo químico del oro) y 400 gramos de Au; las cantidades superiores a 400 gms-Au no generan intereses en este momento».

A&Co explica que aceptan depósitos en piezas de oro, billetes de la Reserva Federal (dólares), giros postales e «instrumentos en dólares (cheques bancarios, giros postales, etc.)». A de A&Co y otros tienen cuentas corrientes personales (explican libremente) para manejar los instrumentos.

Los recibos de depósito son simples y uno puede completar el oro directamente en gramos (si eso es lo que se deposita) o en dólares y A&Co insertará el tipo de cambio, convertirá los dólares a gramos de oro y te enviará tu recibo con el valor final.

El oro puede depositarse en cualquier forma. El oro se pagará a la vista en monedas austriacas de 100 coronas (30,5 gramos). Dado que es difícil conseguir «pequeñas monedas» en oro, una de las ventajas obvias de un C-EGB es que las personas más pobres ahora pueden «especular» con oro depositándolo en una cuenta de A&Co en dólares para su conversión, y convirtiéndolo en oro de vuelta a un precio y tiempo posteriores. Todos y cada uno de los dólares son aceptables.

(En caso de que aún no sea obvio, el papel moneda beneficia a los ricos con conexiones gubernamentales. El oro es la principal defensa de los pobres impotentes. La propaganda de larga data, en sentido contrario, es claramente beneficiosa para ciertos intereses. Es fuertemente beneficiosa para los intereses de los pobres, de los ricos y poderosos beneficiarios de la inflación para hacer que el oro sea difícil de obtener y realizar transacciones).

En la octava página de Cuentas de Oro Actuales estamos en la mitad del camino y se explica el procedimiento más complicado. Los cheques del propio banco de oro se denominan «órdenes de transferencia» y uno puede escribir uno a otro miembro del banco para transferir oro o dólares. La única complicación es, como se mencionó en la sección anterior, la transferencia del pago al «mercado externo», es decir, la interfaz. A&Co, con bastantes razones para ganarse el interés de los consumidores, emprende el esfuerzo necesario. Uno envía a A&Co la orden de transferencia y la factura y ellos envían un cheque bancario común y corriente con su documentación.

«Cuando nos envíe instrucciones para realizar pagos desde su cuenta de oro, incluya: una factura, recibo o alguna otra forma de explicación del pago, una orden de transferencia para cada beneficiario con instrucciones completas, como el nombre del beneficiario, el monto del pago y la forma de pago si es diferente del cheque de un banco comercial y un sobre abierto, sellado y dirigido al beneficiario.

«Si falta alguno de estos elementos, igualmente procesaremos el pago, pero cobraremos una tarifa razonable por el tramite adicional».

¿Qué podría haber más sencillo? Luego se dan ejemplos, incluidos los cálculos de oro a dólar. A&Co señala que pueden tardar entre uno y tres días en gestionar las transacciones más complejas. Cabe señalar a continuación que las cuentas se rotan una vez al mes (lo cual es habitual en la mayoría de las operaciones de tipo bancario).

El resto de este sencillo folleto ofrece ejemplos de procedimientos, cálculos de muestra y una lista de beneficios. Un beneficio es evitar sanciones por ganancias de capital para quienes declaran ingresos. Esto merece que nos detengamos un poco. Si uno ha comprado 20 gramos de oro por 200 dólares y luego los vende por 400 dólares para pagar alguna deuda, podría (si lo declara) terminar pagando impuestos sobre la ganancia de 200 dólares. Pero como el dólar en realidad disminuyó a la mitad de su valor, en lugar de que el oro duplicara su valor, uno preservaba su riqueza, nada más. Sin embargo, seguiremos estando obligados a pagar impuestos sobre esta ganancia de capital ilusoria. Aunque los contraeconomistas radicales no declararían ante los poderes impositivos, los contraeconomistas blandos o del mercado gris tal vez deseen «cubrirse». A&Co también ofrece un servicio a estas personas intermedias.

La privacidad es otro beneficio con obvias implicaciones contraeconómicas. A&Co también menciona sus cargos mínimos, el pago de intereses en oro y la posibilidad de comprar oro de forma sencilla sin las altas primas que cobran los comerciantes de monedas por compras pequeñas. Característicamente, el último beneficio que mencionan es el «apoyo al libre mercado».

El boletín periódico emitido por A&Co es el *Free Market Advertiser*, que publica los tipos de cambio oro/dólar que utilizan durante un mes, publicita negocios contraeconómicos asociados y publica sus informes a los accionistas. A&Co también mantiene una pequeña bolsa de valores para estas empresas.

Saben lo que están haciendo y por qué. Abundan los artículos y editoriales económicos e ideológicos sobre las virtudes del libre mercado puro y los ataques a la inmoralidad de los impuestos y la regulación estatales. Sus conciencias han sido elevadas.

Problemas del banco contraeconómico

A muchos les resultará sorprendente que algo tan organizado y sofisticado como un banco (por no hablar de una bolsa de valores embrionaria) pueda funcionar como si estuviera en anarquía, sin gobierno. La alta probidad de los directores de A&Co (no fumar, no beber, etc.) ciertamente desmiente la imagen del mercado negro, pero no discriminan a los contraeconomistas «más laxos».[16] Siempre que sumen sus facturas correctamente y las paguen, todos son bienvenidos. No hace falta decir que el banco es una fuente principal de capital de inversión para los contraeconomistas locales.

Un tema que ya debería haberse destacado en este libro es el de la relativa impotencia del gobierno. La aplicación de la ley es impotente incluso en las dictaduras más totalitarias cuando las leyes no son firmemente aceptadas ni aplicadas por las personas por sí mismas. Incluso cuando todo el mundo –incluidos los contraeconomistas– está de acuerdo con la ilicitud de un acto (como el asesinato o el robo), las propias estadísticas de detenciones del Estado alcanzan un máximo de sólo alrededor del 20%. (Es decir, más del 80% de los verdaderos criminales que cometen los peores crímenes escapan del ineficiente aparato gubernamental.) Esto se tratará en profundidad en el capítulo catorce: Contraeconomía de la Justicia.

Un factor importante para minimizar el riesgo de interferencia estatal en las propias actividades es el apoyo tácito o más fuerte de todos los involucrados. En el caso del BCO,

---

[16] Hargis, A.L. (1981). «Cuentas de oro corrientes: un instrumento monetario de libre mercado». Costa Mesa, California: Anthony L. Hargis & Co., A Free Market Business Trust. Konkin ocultó el nombre como «A&Co». al momento de escribir este artículo para proteger a ALH&Co. de intereses estatales no deseados. Desgraciadamente, las actividades de ALH&Co. estuvieron bajo escrutinio en 1996; en 2004, el IRS confiscó los activos de la empresa (es decir, el oro de los clientes y los depósitos bancarios regulares). Anthony L. Hargis fue encarcelado por desacato al tribunal tras negarse a entregar sus registros. Ver: Kristof, K.M. (2004, 10 de marzo). «Estados Unidos demanda a un hombre de OC por estafa fiscal». Los Angeles Times. Obtenido de <http://articles.latimes.com/2004/mar/10/business/fi-taxscam10> [N. del E.].

brinda beneficios sólidos y continuos a aquellos con quienes hace negocios. Esto es al menos tan importante como las exhortaciones ideológicas a permanecer leales o el ostracismo potencial de los socios comerciales y clientes, en caso de que se informe de las actividades al Estado. Quizás el Estado podría ofrecer una recompensa lo suficientemente alta como para convencer a algunos de que se conviertan en soplones, pero eso aún no ha sucedido después de siete años y cientos de personas conscientes de la naturaleza de las actividades. Y a medida que este libre mercado se expande, los beneficios involucrados en él crecen, y la recompensa o generosidad debe aumentar cada vez más hasta que el Estado ya no pueda recaudar lo suficiente para aplastar una parte significativa.

Un problema particularmente sensible para la contraeconomía de la inflación, aunque común a todos, es el flujo y almacenamiento de información. La publicidad es buena para los negocios; la divulgación periódica de información financiera genera confianza y más negocios; sin embargo, cuanta más información se divulgue sobre la actividad contraeconómica, mayor será el riesgo de que incluso Keystone Kops se tropiece accidentalmente con ella, se dé cuenta de lo que está sucediendo y actúe para detenerla.

Afortunadamente, al mismo tiempo que la contraeconomía se vuelve más sofisticada financieramente, la tecnología de la información está experimentando avances en el almacenamiento y la transmisión que ahora están completamente libres de intrusiones no deseadas.

El próximo capítulo analiza el auge de la contraeconomía de la información. Si la inflación es el gran contraeconomizador, entonces la explosión de la industria de la información es el nuevo refulgente caballero blanco defensor de la contraeconomía.

Contraeconomía del trueque

El trueque se ha convertido en una moda reciente y su motivación es en gran medida la evasión fiscal y la evasión inflacionaria. (En el capítulo uno se relataron varias historias). De hecho, un libro reciente afirmaba que el comercio abierto sin dinero era la nueva economía «clandestina» o «subterránea». La verdad es casi lo contrario.

El trueque reportado está gravado. La mayoría de las nuevas y grandes redes de trueque con contabilidad informática y publicidad de alto perfil divulgan sus transacciones al Servicio de Impuestos Internos o su equivalente en otros países. El IRS asigna un valor a los bienes intercambiados y exige impuestos sobre los ingresos. El impuesto sobre las ventas puede recaudarse o no en las distintas localidades, etc. Incluso cuando se evitan parcialmente los impuestos, los gobiernos pueden imponer nuevos impuestos sobre las transacciones cuando lo deseen.

El trueque abierto tiene otras ventajas, como las que ofrecen las empresas con escasez de efectivo, pero, como hemos visto al menos de forma esquemática anteriormente en este capítulo, el uso de alguna forma de dinero para mediar en el intercambio es muy rentable. No es casualidad que las empresas sigan descubriendo que tienen créditos de trueque, pero no puedan encontrar lo que necesitan comprar mientras muchos de los bienes ofrecidos no se aceptan.

Trueque contraeconómico tiene una función bastante diferente. El comerciante reconoce el valor actual en dólares (u oro o lo que sea) de los bienes y el efectivo a menudo cambia de manos subrepticiamente para dar cambio.

El libro del trueque de 1979 detalla varias reglas sencillas para participar en el trueque, todas ellas de sentido común, pero dos en particular son descaradamente contraeconómicas:

«Ellos [los comerciantes] utilizan el intercambio directo. Nunca se involucran en el trueque con terceros. Han oído hablar de los sistemas de trueque de créditos y de los clubes de trueque, pero no les interesan. Si la prima fuera por la eficiencia, usarían dinero.

Obtienen ventajas fiscales. No registran sus salarios flexibles, desestructurados y amigables».[17]

Sin altos impuestos y una inflación cada vez mayor del papel moneda, los inconvenientes y los gastos de abandonar el medio de cambio rápidamente descartarían el trueque para la mayoría de las personas ocupadas. El «miedo a la libre empresa» que se produjo en 1981 tras la elección de Ronald Reagan y su administración temprana –con la gente anticipando (erróneamente) una caída de los impuestos y la inflación– provocó que los intercambios de trueque fracasaran o sufrieran pérdidas de clientes. Los vigorosos y publicitados ataques del IRS contra ellos rápidamente los aniquilaron.

El trueque contraeconómico continúa, pero a medida que se haga evidente una mejor manera (la conveniencia de la banca de oro), le dejará paso.

Aun así, incluso la contraeconomía del trueque se vería inmensamente facilitada y se acercaría a la conveniencia de perfeccionar el uso del dinero con la introducción de redes informáticas. «El dinero es información» ya se ha convertido en un cliché. Si todos se unieran al menos a una red informática que se conectara con todas las demás, funcionaría, al menos en teoría, tan rápida y cómodamente como usar dinero. Y el auge de la contraeconomía de la información puede permitir precisamente eso.

---

[17] Simon, D.A. (1979, octubre). «Trueque: los trucos del oficio». Cosmopolitan, p. 226.

Incluso con ese resultado ideal, no habría razón para no llevar las cuentas en unidades de masa de oro simplemente para incluir a todos los que se resisten y a los cascarrabias y a aquellos que no tienen conexión a una computadora.

Se han iniciado negociaciones preliminares con A&Co para emitir la primera tarjeta de crédito contraeconómica (¿una Bank AnarchoCard?). No es casualidad que quienes ofrecen el servicio sean consultores y programadores informáticos.

Capítulo seis

CONTRAECONOMÍA
DE LA INFORMACIÓN

El intercambio de información divide a la Contraeconomía del mercado blanco que maneja el establishment. Consideremos la diferencia elemental entre un negocio callejero con y sin la atenta mirada de los agentes del Estado. O considera que un barco atraca, descarga sus mercancías, acepta el pago y zarpa. En un caso, se llenaron los formularios y se registraron las importaciones ante el gobierno; en el mismo caso, físicamente –pero no informativamente– no se presentó ningún documento ante el Estado y sus agentes desconocían su existencia. Al golpe del intercambio de información se creó el contrabando y se produjo el delito (ver el siguiente capítulo).

El control de la información es una batalla por la capacidad misma del Estado para funcionar. Si se pudiera cortar todo flujo de información al gobierno, este sería incapaz de actuar. Curiosamente, el gobierno de Estados Unidos recientemente tiró la toalla respecto de la regulación de la industria de la información. Y, sin embargo, el conflicto persiste en los márgenes, especialmente en torno al poderoso método de programación informática conocido como criptografía de clave pública.

Si la criptografía tiene éxito, habrá llegado el sueño tan esperado de una anarquía viable. Para comprender el impacto total, veamos cómo funciona el Estado, o, mejor dicho, cómo roba.

Saqueo a través de los tiempos

Al principio, el Estado eran una banda de bandidos que aterrorizaban el campo. La tributación era sencilla: la horda se apoderaba de todo lo que parecía valioso, comía todo lo que parecía comestible y violaba todo lo que parecía atractivo. Para vencer a los bárbaros, el campesino inteligente escondió su oro, sus hijas (e hijos) y su ganado. Para desalentar esta interrupción de la información, la horda a menudo quemaba las aldeas cuando se habían llevado todo lo que podían encontrar.

Cuando los saqueadores se establecieron para convertirse en un gobierno legítimo, refrenaron sus apetitos y exigieron tributos que dejaron a los campesinos con lo suficiente para vivir y cultivar otra cosecha el año siguiente. Se compraron sacerdotes para convencer a los productores de que el Estado contaba con la aprobación divina. Y en la Edad Media los señores se conformaban con la primera noche con la novia campesina (droit du seigneur)[1].

La principal forma de evasión de tributos siguió siendo la subdeclaración de activos. Pero a medida que el mercado se volvió más complejo, algunas actividades comerciales subestimaron su existencia misma.

El delator es mirado con gran desdén y miedo desde el patio de la escuela hasta el patio de la prisión. El «soplón» recibe una sentencia de muerte automática por parte de pandillas violentas (en sí mismas estados embrionarios); sin embargo, los contraeconomistas morales y pacíficos rechazan sin violencia a los informantes.

La sociedad estadounidense del siglo XX está plagada de informantes. Sólo para mantener una cierta perspectiva, en la URSS se está informando a cualquiera que no sea un infor-

---

[1] En francés en el original. Derecho de pernada. [N. del T.].

152

mante. E incluso los informantes están informados. El camino más seguro es descubrir a tu informante y luego seleccionar su información cuidadosamente.

La industria farmacéutica está plagada de informantes de la DEA y de la policía local. Los traficantes de armas corren libres hasta que la BATF consigue un informante entre ellos. Los disidentes políticos a menudo tienen más miembros que pagan cuotas del FBI que miembros comprometidos. La Comisión Federal de Comercio depende de competidores con mal perder para denunciar a una empresa por violaciones antimonopolio.

Y por encima de todos ellos, con una red de espías, informantes, competidores descontentos, esposas vengativas, amantes despreciados y cazadores de recompensas, se encuentra el Servicio de Impuestos Internos. Ninguna agencia legal de aplicación estatal suscita tanto pavor y miedo como la del IRS.

El IRS es la espada en alto y el puño armado del Estado. Mientras el resto del Estado se camufla bajo la apariencia de bonhomía, los intentos de maquillar al recaudador de impuestos inevitablemente fracasan. Una popular calcomanía en los parachoques lo dice todo: «IRS: Realmente roba».

Cómo funcionan los impuestos...

En el mundo moderno, los agentes del IRS no pueden, por mucho que lo deseen, montar en sus sementales empapados de sudor, sacar sus luceros del alba y sus mazas y cabalgar chillando por los tranquilos suburbios en busca de riquezas para el Director. Por otra parte, tienen una ventaja sobre sus ancestros espirituales de hace tres milenios.

Sus víctimas se entregan.

Tres mil años de mistificación dan sus frutos cada 15 de abril en Estados Unidos (30 de abril en Canadá, varios días de

153

primavera en otros países). A los ciudadanos estadounidenses se les pide que envíen la información que el Estado necesita saber. La cantidad exacta no importa; las deducciones son un escaparate.

La cruda verdad es que, sin esa información voluntaria, el Estado no tendría idea de dónde está la riqueza.

No es una observación nueva que si todos dejaran de enviar sus formularios 1040, el Estado se secaría y desaparecería. La idea contraeconómica es que cualquiera puede (y lo hace) hacerlo sin esperar a los demás. La técnica consiste en controlar el flujo de información sobre uno mismo; en particular, el flujo de información tuyo al Estado.

Visibilidad y perfil

No existe una sola manera de utilizar la información para liberarnos de la depredación estatal. Hay tres maneras. Dos de ellas suponen que tú actúas relativamente solo, la tercera supone lo contrario.

La mayoría de la gente está familiarizada con la táctica de bajo perfil de ser «invisible» para el IRS y otras agencias gubernamentales. El resto de este capítulo se centrará en ese método. Lo que no se debe olvidar son las otras tácticas, especialmente porque tienen mayores beneficios (y, en consecuencia, mayores riesgos).

La contraeconomía de alto perfil se ocupa de un área particular de coerción estatal llamando la atención sobre su victimización. Cuanto más ruido, mejor. Los famosos 8 de Chicago utilizaron la publicidad para mantenerse fuera de prisión durante años, incluso después de sus condenas.

Los desobedientes civiles confían en la presión pública para mantenerlos fuera de la cárcel o minimizar sus penas.

De hecho, los ejecutores del Estado temen crear mártires. El concepto mismo de mártir exhibe el poder de la Información: ¿qué es un mártir sino un cadáver con una buena historia?

Los contraeconomistas de alto perfil corren mayores riesgos porque son muy fáciles de detectar. Obtienen la ventaja de un flujo de información adicional, desde ellos mismos al resto del mercado. En la medida en que lo logran, se vuelven inspiradores.

De hecho, este autor ha demostrado que es posible aprovechar las ventajas tanto del perfil alto como de la baja visibilidad simultáneamente. El truco consistió en crear una tercera categoría: la comunidad contraeconómica. (Esto se define, para mayor precisión técnica, como condensación agorística, y se trata en los últimos capítulos de este libro.)

Uno puede buscar cualquier grado de notoriedad (o, para decirlo de otra manera, anunciar libremente sus servicios) dentro de la comunidad de colegas contraeconomistas sin informar al Estado, a sus agentes y, por supuesto, a sus informantes. Para ello, es necesario controlar el flujo de información sobre uno mismo.

Flujo de información

¿Alguna vez has notado que después de pedir algo por correo o contribuir a una organización benéfica o a un político, tu buzón de repente se inunda con solicitudes asociadas? Has generado un flujo de información hacia afuera y fuiste recompensado por un torrente que va hacia adentro.

La información es el recurso bruto de una industria floreciente, incluido el procesamiento de datos y gran parte de la programación informática. La teoría de la información es un campo académico candente. Se trata de un negocio que cambia tan rápidamente que el gobierno estadounidense se dio por vencido en su intento de regularlo.[2]

Dejando de lado brevemente la discusión sobre la tecnología superior, hay dos formas obvias de escapar a la atención del Estado: o no existes, o si existes, no se lo cuentas a nadie. (También existe el procedimiento agorista: contarle sólo a los colegas contraeconomistas que tengan mucho que ocultar.)

Algunos contraeconomistas llegan lejos. Se excluyen del contacto con cualquiera que pueda llegar a conocerlos, entran y permanecen fuera de todas las listas de correo, operan con dinero en efectivo y nunca usan bancos, e incluso evitan residencias legales, viviendo en remolques como nómadas o en tierras abandonadas en cuevas o casas improvisadas.

Brevemente, en la década de 1960, estos primeros contraeconomistas conscientes de sí mismos (protoagoristas, podríamos llamarlos), estaban lo suficientemente organizados como para publicar un boletín, *Vonulife*. («Vonu», decían, era invulnerabilidad ante la coerción, y eso es lo que buscaban). Tenían algunos problemas obvios para mantener el contacto y hoy en día han desaparecido en gran medida.

Pero no antes de haber hecho intentos rudimentarios de resolver el problema de derrotar al Estado y seguir siendo parte de la sociedad. Después de todo, el Estado y la sociedad humana son enemigos naturales: debería ser posible utilizar a la sociedad como aliada contra el Estado. (¿Recuerdas la posición social de los soplones?).

Llamaron interfaz al concepto de interacción con el resto de la sociedad (aquellos que no son «vonu»). Esto se mencio-

---

[2] Pero no del todo. En diciembre de 1984, la Agencia de Seguridad Nacional anunció planes para desarrollar un sistema de nueva generación, con mayor velocidad y capacidad que los existentes. Consulte la sección posterior sobre Criptografía de clave pública para conocer la razón principal.

nó en el último capítulo de nuestra explicación de la banca contraeconómica, con un conjunto de ejemplos.

Una forma de interactuar con el resto de la economía, especialmente con el mercado blanco o la economía superficial o del *establishment*, es crear otra identidad. Dejemos que este individuo ficticio asuma los riesgos; puede descartar la identidad cuando parezca estar a punto de ser detenido.

Hay algunos problemas graves que señala The Paper Trip[3]. En pocas palabras, si los agentes del Estado se están acercando a este alter ego, mientras tú uses el disfraz, ellos se están aproximando a ti.. Además, una vez que «te mudas», pierdes todo lo que te acompaña: cuentas, contactos, conocidos y propiedades almacenadas bajo ese nombre. Es una pérdida menor que el arresto y el posible encarcelamiento, pero no es una solución.

Las identidades múltiples (si es posible mantenerlas) son una mejora.

La respuesta no es abandonar las identidades secundarias ni depender de ellas. La técnica se utiliza mejor como respaldo: un seguro contra arrestos. Y el uso de algún tipo de empresa o identidad ficticia es ineludible para el sector inmobiliario contraeconómico.

Esto conduce a la categorización natural del flujo de información en un sistema de capas. En cada capa hay técnicas contraeconómicas apropiadas, algunas de larga data y exitosas, otras aún pendientes de ser desarrolladas por jóvenes innovadores brillantes.

---

[3] Reid, B. (1971). The Paper Trip. Fountain Valley, California: Eden Press. (Un texto contraeconómico muy conocido, con actualizaciones como *The Paper Trip II*, 1977, *The Paper Trip III*, 1998 y [ahora con números no romanos] *The Paper Trip 4*, 2015).

Flujo de información de la capa interna

El núcleo más interno de información sobre ti está formado por tus íntimos y tú. Algunas personas necesitan trabajar en sí mismas: aprender cuándo decir qué y a quién. (Véase el capítulo quince: Psicología Contraeconómica). Y la selección del cónyuge y la familia confiando en su discreción puede parecer poco romántica o biológicamente restringida. Afortunadamente, una antigua tradición en muchas familias de mantener la información confidencial «en familia» juega a favor en este caso.

La siguiente capa es la que existe entre tú y tus amigos y familiares lejanos. Observa cómo las consultas sobre ingresos y prácticas comerciales se consideran de mal gusto socialmente. Quizás esto sea un indicio de la evolución natural de la sociedad hacia el agorismo.

La última capa interna puede ser la más riesgosa: clientes, , proveedores y socios que no sólo saben algo específico sobre ti sino que, si te acercas demasiado a ellos, están en condiciones de tener a los «segundos dos» para ponerlos en práctica.

Existen dos técnicas útiles para controlar este flujo de información; una es seguir la útil regla social sobre la mezcla de negocios y placer. Esto debe hacerse con cuidado para no despertar sospechas de que estás ocultando algo, una tentación que pocos pueden resistir a sondear. Esta técnica lleva a colocar a los socios comerciales en el siguiente nivel.

Pero existe otra técnica: intercambiar riesgos. Si tienes algo sobre ellos, estarás mucho menos preocupado de que descubran algo sobre ti. Esta es una forma de intercambio de intimidades, así que, como en las relaciones románticas, elige a tus asociados con cuidado.

«¿Quieres decir que tú también eres contraeconómico?». Bien puede ser el suspiro de alivio más común en los años noventa.

Flujo de información de capa intermedia

Lo más importante de toda la información comercial son tus registros. ¿Quién, además de ti, debería ver tus libros? Si todo va bien, nadie debería hacerlo.

Tampoco, con toda la confianza del mundo, existe una buena razón para dar a otros tanto acceso a tu flujo de información como para que puedan montar tus libros como si fueran un rompecabezas (por ejemplo, contabilidad forense). Es posible que necesites abrir tus libros relacionados con una empresa específica o una de tus empresas comerciales si involucra a otros en la inversión; esto se puede manejar de manera contraeconómica. (Ver capítulo catorce: Contraeconomía de la Justicia).

Estas empresas son útiles para distanciarse de los recolectores de información hostiles, añadiendo una capa adicional para su penetración.

La capa intermedia (una mesosfera, la llamarían los científicos) del flujo de información es la parte interesante. Aquí es donde residen sus interacciones casuales con los demás.

Una virtud obvia o un buen hábito a desarrollar es nunca revelar información relacionada con sus actividades contraeconómicas o, antes de hacerlo, considerar conscientemente las consecuencias. «Hablaremos mañana sobre eso, Jane; primero tengo que comprobar algo», le ofrece 24 horas de evaluación de riesgos.

Aun así, si vas a tratar con el resto del mundo, debes revelar cierta información: que tienes un producto o servicio, cuánto costará, qué aceptarás como pago, cómo pueden contactarte y cuándo. ¿Estás disponible? Si hay múltiples pagos, acuerdos de crédito, negocios repetidos y seguimiento post-venta involucrados, aún debe fluir más información tuya.

Y hacia ti también. Otra buena técnica es el intercambio de información. Cuando revelas algo, aprendes algo de tu proveedor o cliente.

Si descubres que tu contraparte también es contraeconómica, controla tu alivio. Todavía hay que descubrir hasta qué punto es contraeconómico. Después de todo, ¡hay policías antieconómicos e incluso agentes del IRS! Todo el mundo infringe las leyes alguna vez; es imposible no hacerlo.

Pero eso funciona más a tu favor que en tu contra. Porque si no es obvio que tu cliente o comerciante es contraeconómico, tú mismo debes dar el paso para cruzar la línea. Y dado que todo el mundo es algo contraeconómico, no es obvio que tú estés sugiriendo algo fuera de lo común, excepto en este caso limitado.

Esto es mucho más fácil de lo que parece. Cientos de veces este autor ha acudido a imprentas y les ha sugerido que no desperdicien el papel de los recibos y eliminen el impuesto sobre las ventas. La negativa se produjo sólo cuando se cometió el error de hablar con alguien que no tomaba decisiones. Ten cuidado incluso con la burocracia más pequeña. Los taxistas en Nueva York te ofrecerán dejar la bandera en alto si no te pareces demasiado a un agente de la ley, y si preguntas primero, acepta la oferta.

Al menos por el momento, la sociedad norteamericana ha presionado al sistema judicial gubernamental para que desapruebe la trampa. Cambiará, pero mientras esté vigente, es una gran ayuda para los contraeconomistas que rompen el hielo.[4] El contacto personal tiene la ventaja de permitir un

---

[4] Un aparte irresistible. Los estadounidenses tienen un doble rasero claro sobre la trampa, lo cual es motivo de alegría para el contraeconomista. Atrapar a empresarios –incluso a grandes empresarios como John DeLorean– es un no-no; sin embargo, atrapar a políticos (archiestatistas), como los atrapados

SAMUEL EDWARD KONKIN III

rito de cortejo antieconómico. Pero hay una correspondiente revelación de información sobre ti al permitir la observación de otra persona. Es una compensación. Como siempre en la Contraeconomía, hay que sopesar los riesgos frente a los beneficios en cada situación particular.

Consideremos, entonces, los beneficios del contacto impersonal procedente de la publicidad y del boca a boca, la correspondencia, la entrega a través de correos (posiblemente contraeconómicos) y el pago por correo, mensajería o incluso a través de bancos contraeconómicos (como en el capítulo cinco). En este punto, es hora de abrir el ordenador.

Computadoras para la contraeconomía

Considera el siguiente escenario: alguien en el mercado de, digamos, calzado personalizado, consulta una lista de productos. Al ver la categoría de calzado, consulta una lista de proveedores. Uno de ellos ofrece un trabajo elegante y proporciona un código de acceso. El código está activado.

Aparece una lista de ofertas. Ella solicita algo que no está en esta lista, digamos, un par de botas altas de piel de venado con runas élficas cosidas, adecuadas para una convención de fantasía o una reunión de la Sociedad para el Anacronismo Creativo. Aparece un boceto de dichas botas, con números de especificaciones y costes, según el tipo de adorno.

Se realiza el pedido y se acuerda un depósito. El depósito se transfiere a través del banco contraeconómico (o quizás a

---

en la Abscam del FBI, es correcto. La diferencia es esta: los políticos no tienen negocios legítimos con ningún grupo de intereses especiales; o, para decirlo con más fuerza, pero aún dentro de la tradición estadounidense, «todos los políticos son delincuentes» y se supone que (al menos potencialmente) no traman nada bueno.

un buzón de correo). Las botas se entregan, se consideran satisfactorias y se paga el saldo. Ninguna de las partes de la transacción se ha revelado a la otra.

Cualquiera que esté familiarizado con la tecnología informática actual sabe que todo esto no sólo es factible sino que ya existe, total o parcialmente, en la mayoría de las principales ciudades y pueblos universitarios.

Imagina además que puedes mantener tus registros en libros bajo un código complicado que requeriría más problemas de los que vale la pena descifrar. Y que puede anunciarse en el tablón de anuncios de la computadora con códigos similares y contactar y ser contactado a través de dichos códigos.

Una vez más, la tecnología está disponible o, como dicen los hackers, «en línea». Es un sueño hecho realidad para los contraeconomistas: una pesadilla en ciernes para el IRS y los reguladores y controladores del gobierno.

La «clave» es la criptografía de clave pública. La Agencia de Seguridad Nacional (NSA, conocida coloquialmente como «El Palacio del Rompecabezas») lo odia y está trabajando para descifrar los sistemas y lograr que las empresas y burocracias acepten un sistema estandarizado que puedan descifrar fácilmente.

Hay que tener en cuenta que la criptografía es un sistema dinámico y en evolución. Es una forma no violenta de carrera armamentística en la que un lado descifra el código y el otro desarrolla un nuevo sistema para superar el anterior. Aquellos que estén considerando utilizar esto deberían consultar la literatura actual y hablar con amigos expertos en informática. (El problema habitual es limitarlos a un tema concreto). Una fuente popular, disponible en la mayoría de las bibliotecas, para mantenerte al día en criptografía de clave pública, es la revista *Byte*.

Tu(s) corresponsal(es) y tú definís un criptosistema. El remitente tiene una clave de cifrado; el destinatario tiene una clave de descifrado. No son idénticas. El mensaje normal puede denominarse texto plano y el mensaje cifrado texto cifrado.

«Las claves criptográficas son análogas a las llaves de casa y del coche que llevamos en nuestra vida diaria y tienen un propósito similar. En muchos sistemas modernos, cada clave es una cadena de dígitos. Por ejemplo, las claves definidas por el Estándar de cifrado de datos de la Oficina Nacional de Estándares constan de 64 dígitos binarios, 56 de los cuales son significativos».[5]

¿Como funciona? «Para cifrar un mensaje, una clave y el mensaje se insertan de alguna manera en un cifrador, y el criptograma que emerge es una mezcla de caracteres que depende tanto del mensaje como de la clave. Para descifrar el mensaje, se insertan la clave correcta y el criptograma en un descifrador y emerge el mensaje de texto sin formato».[6]

Esto es bastante sencillo con la codificación convencional. Las claves son las mismas, deben estar cuidadosamente custodiadas y debes visitar a tu corresponsal para intercambiar dichas claves. Pero utilizando claves públicas se resuelve el problema de las reuniones y el secreto.

«Estas llaves… tienen propiedades notables, casi mágicas: Para cada clave de cifrado hay una clave de descifrado, que no es la misma que la clave de cifrado.

Es factible calcular un par de claves, que consisten en una clave de cifrado y la clave de descifrado correspondiente.

no es factible calcular la clave de descifrado a partir del conocimiento de la clave de cifrado».[7]

Tu corresponsal y tú, llamémosla Mary, podéis poneros en contacto de forma antieconómica en un tablón de anuncios

[5] Smith, J. (1983, enero). »Criptografía de clave pública». *Byte* 8(1), p. 198.
[5] Ibídem., p. 199.
[7] Ibídem., p. 200.

«público». Al aceptar intercambiar información, configuras tu cifrado.

«Para configurarlo, se generan un par de claves y se envía la clave de cifrado a Mary por cualquier medio conveniente. No es necesario que se mantenga en secreto. Sólo puede cifrar mensajes, no descifrarlos. Revelarlo no revela nada útil sobre la clave de descifrado... Para permitir enviarle mensajes privados, Mary debe crear de manera similar un par de claves y enviarle su clave de cifrado».[8]

Puedes hacer pública tu clave de cifrado sin temor a que nadie más que tu puedas descifrar el mensaje. «Dos personas cualesquiera con entradas en el directorio podrían comunicarse en privado, incluso si no habían tenido contacto previo».[9] Exactamente lo que quieren los contraeconomistas.

Un toque de tecnología y una mochila

Antes de dejar este tema, toquemos brevemente la tecnología. Uno puede buscar la programación en la fuente citada y, en un mundo de piratas informáticos mejor aguerridos, nadie debería encontrar grandes dificultades para conseguir que un programador configure lo que uno necesita en el sistema de su hogar.

Lo que se requiere de la pirotecnia de la información y de los códigos aparentemente arcanos es una confianza razonable y un respeto cualificado. Desafortunadamente, muchos de los que he visto cruzar este campo saltan del asombro y sienten que el Estado está derrotado hasta la depresión y la resigna-

---

[8] Ibídem.

[9] Rivest, R.L., Shamir, A. y Adleman, L. (1978). «Un método para obtener firmas digitales y criptosistemas de clave pública». *Comunicaciones de la Asociación de Maquinaria de Computación* 21 (2), pp. 120-126. <doi 10.1145/359340.359342.>

ción cuando escuchan que un sistema en particular ha sido resquebrajado. Intentemos inmunizarte contra ello.

El asombro surge de estadísticas como la publicada sobre el criptosistema Rivest-Shamir-Adleman (RSA). La cantidad de tiempo necesaria para descifrar el código es el tiempo de factorización. Suponiendo que la longitud de su clave sea 50, se podría calcular en 3,9 horas con una operación de computadora por microsegundo. Pero duplicar la longitud de la clave a 100 dígitos aumenta el tiempo de factorización a 74 años y triplicarla a 150 dígitos hace que sea un millón de años para factorizar. Cuando lleguemos a los 250 dígitos, estaremos excediendo la esperanza de vida estimada del universo. No es de extrañar que la NSA quiera estandarizar la longitud de las claves entre 60 y 70 dígitos.

Recientemente estuvo disponible una clave de 77 dígitos por 165 para el sistema común z80. «...el cifrado y descifrado de mensajes tarda aproximadamente un minuto más el tiempo necesario de acceso al disco. El tiempo necesario para generar las claves de cifrado y descifrado oscila entre 15 minutos y 4 horas... El autor del sistema, Charles Merritt de PKS, Inc., ha recibido estimaciones del tiempo necesario para romper el sistema que van desde tres días ininterrumpidos en un Cray-1 hasta un año».[10]

De hecho, hay computadoras más nuevas y más rápidas que el Cray-1, o están en camino, pero uno puede superarlas fácilmente aumentando el número de dígitos en la clave RSA. Aun así, se debe estar al tanto de los últimos avances al jugar a este juego.

Una alternativa al RSA, el Knapsack Scheme, parecía preferible debido a su cifrado y descifrado más rápido. El nombre proviene de un acertijo matemático en el que si se conoce el

---

[10] Smith, *op. cit.*, p. 216 (N. del E.).

peso total de una mochila y su contenido, y los pesos de los artículos individuales que pueden estar en la mochila, se deduce qué artículos están empaquetados en su interior. Para un código numérico, los elementos son una colección de números y la mochila es su suma.

Martin Hellman, de la Universidad de Stanford, y Ralph C. Merkle utilizaron la técnica para idear un criptosistema de clave pública en 1978. Merkle ofreció una recompensa a cualquiera que pudiera romper el esquema y puso el juego estaba en marcha.

«En 1982, Shamir realizó el primer ataque exitoso en la forma más simple del criptosistema de mochila. Descubrió que cierta información sobre secuencias supercrecientes no está bien disimulada por una trampilla de multiplicación modular. Además, esa información podría obtenerse rápidamente resolviendo un tipo especial de problema matemático (encontrar un vector corto en una red). El método de Shamir se volvió práctico con la invención de un algoritmo para resolver este problema rápidamente. Poco después, utilizando un enfoque similar, Adleman rompió otra forma de criptosistemas de mochila conocido como mochila de Graham-Shamir».[11]

Shamir recogió el premio de 100 dólares, pero Merkle ofreció otros 1.000 dólares a cualquiera que rompiera la mochila iterada más compleja. Ernest F. Brickell, de los Laboratorios Nacionales Sandia en Albuquerque, Nuevo México, buscó el premio en el verano de 1984. En octubre, «Merkle admitió que Brickell había ganado el premio y Brickell recibió su cheque… Merkle dice: «Creo que la rotura de mochilas repetidas es

---

[11] Peterson, I. (24 de noviembre de 1984). «El desembalaje de una mochila». *Scientific News* 126(21), p. 331.

bastante sorprendente e indica un grado de inseguridad que no se había sospechado en absoluto».[12]

¿Ha llegado el momento de que entren en pánico los contraeconomistas de la información? No, y es por eso que necesitan mantenerse conscientes de este campo que cambia rápidamente: «Sin embargo, esto no descarta la posibilidad de que exista un criptosistema de mochila seguro. Brickell añade: «Lo que esto dice es que si usas uno, tienes que usar algo distinto a la aritmética modular para ocultarlo». ... Por supuesto, los criptólogos no pueden resistir el desafío de crear un criptosistema que evite los defectos identificados por la técnica de descifrado de Brickell. En *Crypto "84*, Rivest y Benny Cho estaban listos con un nuevo criptosistema de clave pública de mochila basado en aritmética de unas estructuras matemáticas llamadas "campos finitos"».[13]

Mientras los criptógrafos informáticos juegan al juego de mejor ratón versus mejor ratonera, Adi Shamir aumenta las apuestas y ofrece la esperanza de que se pueda desarrollar un criptosistema antieconómicamente invulnerable (dentro de lo razonable), o al menos que se pueda calcular racionalmente su coste.

«"La pregunta más intrigante es si se pueden desarrollar técnicas de prueba que demuestren la seguridad de los criptosistemas", dice Shamir. «Si pudieras hacer esto, sería el mayor avance en criptografía porque por fin serías capaz de demostrar que los criptosistemas concretos simplemente no se romperán en el futuro a menos que haya una cierta cantidad de tiempo».[14]

Como en toda contraeconomía, es necesario calcular racionalmente los riesgos y comparar los beneficios con los

---

[12] Ibídem.
[13] Ibídem.
[14] Ibídem.

beneficios potenciales. Con computadoras y programas contraeconómicos, esto se puede lograr de manera más simple, más fácil y más rápida que nunca. Si a esto le sumamos el potencial de una alta y económica seguridad de los registros y el intercambio de mensajes, no es necesario pedir una invulnerabilidad milagrosa frente a los ladrones autorizados del Estado.

Pero de todos modos, el mercado puede proporcionar algo parecido a ese milagro, y bastante pronto.

Habiendo movido información con éxito en la Contraeconomía, el siguiente truco es mover objetos físicos con la mayor seguridad y eficiencia. Afortunadamente, como veremos en el próximo capítulo, el mercado tiene una larga historia de éxito en la contraeconomía del transporte marítimo, es decir, el contrabando.

CAPÍTULOS SIETE AL DIEZ

Se rumorea que estos capítulos existen en formato digital en algún lugar del ciberverso. Cuando se encuentren, se agregarán a una versión actualizada de *Contraeconomía*. El resto de *Contraeconomía* (capítulos once a dieciocho) no se completó antes de la prematura muerte de Samuel Edward Konkin III. Dejó un resumen de todos los capítulos, que se incluye para demostrar la amplitud, profundidad e importancia social de la ciencia de la Contraeconomía.

DESCRIPCIÓN

Contraeconomía: cómo liberarse a sí mismo... y a la sociedad también
[Del esquema original mecanografiado de SEK3.]

LA PRIMERA PARTE

Prefacio (opcional)

Debe ser firmado por un escritor o escritores «de nombre» como Doug Casey, Harry Browne, Murray Rothbard, Thomas Szasz, Karl Hess, John Pugsley, etc.

Introducción

Escrito. Resume la complejidad del tema del libro en términos simples. Promete un estudio agradable de este extraño y nuevo campo con teoría económica en una sección posterior y explicación ideológica al final. Sincero en cuanto a la intención, pero discreto en la presentación.

CAPÍTULO UNO: CONTRAECONOMÍA FISCAL

Escrito. Estudio muy detallado de la «economía clandestina» estadounidense, la parte libre de impuestos de toda la Contraeconomía. Todos los ejemplos están tomados de conocidas fuentes de noticias del *establishment*. Se citan críticos de la evasión fiscal masiva y se les responde de manera muy esquemática, para tentar a los lectores con teorías posteriores.

Capítulo dos: Contraeconomía internacional

Escrito. El primer tercio aproximadamente de este capítulo recorre el mundo, Europa occidental y el «Tercer Mundo», con un enfoque de contraeconomía fiscal. El segundo tercio cubre los países del Tercer Mundo en transición marxista-leninista y el correspondiente aumento de la actividad contraeconómica. El último tercio se traslada al «bloque del Este» y sigue un cambio cada vez mayor del mercado total hacia el negro, el clandestino o la izquierda. Nos concentramos en la URSS como última esperanza del Estado para aplastar la Contraeconomía.

Capítulo tres: La contraeconomía soviética

Escrito. Este capítulo es el que más se acerca a una visión única del alcance y la profundidad posibles en una sociedad que se ha vuelto casi completamente contraeconómica. La impotencia del Estado soviético se pone de relieve y se demuestra con ejemplos repetidos. Se presentan las posibilidades de la Contraeconomía más allá de los estrechos campos de los negocios para abrir el apetito del lector por el resto del libro. Se expone el caso de los millonarios rusos.

Capítulo cuatro: Contraeconomía de las drogas

Escrito. Este capítulo es obligatorio ya que «Conexiones con las drogas» y la red correspondiente son la visión y la comprensión más populares de las actividades del mercado negro. Por lo tanto, se jugará en contra de las expectativas de los lectores. En primer lugar, se muestra el tamaño y alcance del mercado, hasta la toma de control de los gobiernos cuando sea conveniente. En segundo lugar, un breve esbozo de cómo funciona el mercado, desde el productor hasta el distribuidor.

Giro: la última parte de este capítulo utilizará el mercado de las drogas para mostrar la interconexión de casi todos los miembros de la sociedad, la complicidad de clientes ocasionales, amigos, colegas, parientes e incluso transeúntes: una conspiración social contra el gobierno. Luego se compara esto con la Era de la Prohibición para la continuidad histórica y con el tráfico de Laetrile para explicar su expansión fuera de las drogas «vicianas». «¿Qué es una droga?»: quién lo dice y por qué. El negocio de las drogas se trata como un paradigma contraeconómico, con similitudes y diferencias con el negocio «normal».

CAPÍTULO CINCO: CONTRAECONOMÍA
DE LA INFLACIÓN

Escrito. Comienza con fuertes referencias a escritores pesimistas como Browne, Casey, Schulz, Pugsley, etc. El Movimiento Superviviente está ligado a la inflación y su Contraeconomía. Alguna teoría se coló aquí para explicar la inflación y contrastarla con el fenómeno del aumento de precios. Se esboza el ciclo económico austriaco para dar una base para el pesimismo.

El oro recibe una sección especial, tanto de propiedad como de comercio legal e ilegal, y otros metales preciosos, materias primas, compras de la «Estrategia Alfa», hasta retiros y reservas. El patrón oro histórico, su regreso (posiblemente) y el miedo del Estado al mismo conducirán a la siguiente sección. La sección final trata sobre algunas innovaciones en el mercado gris, como la banca 100% en oro ofrecida por un «banquero» clandestino y una descripción detallada de sus actividades. Aquí se explica el valor de que los contraeconomistas negocien con otros contraeconomistas. Las computadoras modernas hacen factibles la contabilidad del trueque y la transferencia clandestina de recursos a escala cada vez mayor.

Capítulo Seis: Contraeconomía de la Información

Escrito. Se narra el rápido crecimiento de la industria informática, el carácter individualista de la consultoría independiente, los corsarios de informática y los piratas. El gobierno ha abandonado la regulación de esta industria. La discusión se divide entonces en dos tipos de actividades informáticas y de información contraeconómicas.

Contraeconomía para la industria de la información

Se cubrirán los manejos y transacciones, el comercio bajo la mesa y diversas evasiones de contraeconomistas, desde investigadores y consultores hasta pinchadores y programadores, propietarios y franquiciadores. Se darán ejemplos de medios de comunicación para convencer a los lectores.

Industria de la información para la contraeconomía

Cifrado de datos y nuevas técnicas de ejemplos libertarios. Se presenta a Carl Nikolai con su trabajo original en este campo. Se muestran las aplicaciones del procesamiento de datos a prueba de estado para la evasión fiscal, la evasión inflacionaria, el comercio y otros tipos de marketing, tanto los que ya funcionan como los que son posibilidades inmediatas.

LOS CAPÍTULOS PERDIDOS

Capítulo Siete: La contraeconomía del contrabando

Los mayores contrabandistas pueden sorprender a los lectores: casi todos en los controles de aduanas; esto abrirá el capítulo para la identificación del lector. Se darán estadísticas, de forma brillante y vivaz como de costumbre.

Contrabando de dinero y divisas

Esta sección comienza con referencias a los seis capítulos anteriores trabajados aquí; recordarán a los lectores lo que han aprendido (de forma sutil). El control de divisas se vincula con la evasión fiscal, el tráfico de drogas y los mercados negros rojos (comunistas), e incluso con el procesamiento de información.

Contrabando histórico

Se trata de un recorrido histórico y una breve descripción del concepto clásico y estereotipado del contrabando y su resaca moderna, más que nada para prescindir de él y contrastarlo…

Cruce de fronteras con fines de lucro

Se abordará cómo la mayoría de las empresas internacionales mueven mercancías a través de las fronteras (o dicen que lo hacen) para evitar impuestos, aranceles, impuestos al valor agregado, impuestos sobre las ventas, cuotas de importación, etc. (también lo hacen las pequeñas empresas y los individuos). Aquí también se trata el cruce de fronteras estatales para evitar impuestos sobre las ventas y otros controles. Esta sección vincula a casi todas las empresas de todos los tamaños con la Contraeconomía.

Contraeconomía del contrabando

Lo que es legal y lo que no es legal varía ampliamente de un estado a otro (y de una provincia a otra, de un condado a otro y...). El concepto de emprendimiento se explora aquí utilizando «mover bienes de áreas de bajo precio a áreas de alto precio» como punto de partida para la idea. Esta es una introducción sutil a algo de economía real.

Búsqueda de papel de Rodesia

Cómo Mobil Oil venció el embargo de petróleo de Rhodesia: el contrabando de la industria multinacional se explicará con gran detalle. El ejemplo ilustra el fin a gran escala de las operaciones contraeconómicas, la aceptabilidad entre los «círculos superiores» de las finanzas y su potencial para sacudir a los gobiernos.

¿Qué no es contrabando?

El comercio que viola la regulación podría incluso abarcar acuerdos entre vecinos, entrega de favores a amigos e incluso entrega de correo privado. Esta sección enfatiza la universalidad del contrabando. Se menciona el contrabando de Biblias y material religioso. Se introduce el contrabando de «personas», que se utilizará en el capítulo «Contraeconomía humana», con el ferrocarril subterráneo de la época de la Guerra Civil. Relación con la industria de la información (capítulo seis) y los problemas de transporte (capítulo ocho).

CAPÍTULO OCHO: CONTRAECONOMÍA DEL TRANSPORTE

La necesidad de mover cosas es básica. Se enumerarán los métodos: a pie, vehículos privados, transporte comercial y medios públicos controlados por el gobierno. Se darán ejemplos de uso contraeconómico de todos.

Contraeconomía de la Banda Ciudadana

Esta sección salvaje contará cómo la BC supera las leyes de tránsito y aumenta las ganancias de los camioneros. Se realizarán cálculos económicos reales (simples). Se darán estadísticas sobre el tamaño del mercado. ¿Por qué el transporte agrícola está exento de la mayoría de las regulaciones sobre transporte por carretera y cómo se utiliza? Ejemplos escabrosos de transporte por carretera contraeconómico y cómo fue idealizado por la música, el cine, la televisión y la radio de C&W. ¿Es este un modelo para difundir otras formas y tipos de contraeconomía? Se cubre el aumento del uso de BC británico, completamente ilegal.

Moviendo a la gente de manera contraeconómica

Los taxis gitanos de Nueva York triunfan sobre los reguladores. También se cubrirán los colectivos: Autobuses «Conejo Gris»; vehículos compartidos privados que evolucionan hacia autobuses y taxis subterráneos; aerolíneas «hippies»: por qué despegaron y por qué fracasaron; e incluso hacer autostop.

Contraeconomía oceánica

Los propietarios de embarcaciones pequeñas superan los controles en varios ejemplos. También se cubre el uso potencial y real de embarcaciones con fines contraeconómicos, como las barcazas de marihuana a lo largo de la costa de Florida. Por supuesto, el contrabando también está relacionado. Se agregará un poco de futurismo con una discusión sobre el Tratado de los Fondos Marinos y las implicaciones contraeconómicas para la minería de los fondos marinos, la ganadería en los mares e incluso los hábitats oceánicos.

Contraeconomía del aire

Freddie Laker aborda las regulaciones y las recientes desregulaciones de las aerolíneas como ejemplos de respuestas a la «violación» de las reglas por parte de las aerolíneas: ¡contraeconomía! Habrá ejemplos de uso de aviones para el contrabando de drogas, contrabando de diamantes, actividad de mensajería, casi todo, tanto en aviones privados como en el tráfico aéreo comercial.

Contraeconomía espacial

OTRAG iniciará este capítulo, la industria espacial privada tanto en superficie como bajo tierra; movimiento en varios grupos espaciales populares lejos de la NASA y el monopolio gubernamental del espacio. Se examinarán tanto casos reales como especulativos.

CAPÍTULO NUEVE: CONTRAECONOMÍA ENERGÉTICA

En primer lugar, se estudiarán las fuentes de energía en cuanto a su uso contraeconómico y del *establishment*: intervención en líneas públicas, falsificación de existencias, fuentes privadas mantenidas y explotadas. Supervivientes y ecologistas están saliendo juntos de la red eléctrica regulada por razones convergentes. Se cubrirán las alternativas de mercado tanto de alta como de baja tecnología. La farsa de los «incentivos» gubernamentales para las alternativas energéticas a pequeña escala y la energía solar quedará expuesta como si en realidad protegiera a las empresas eléctricas monopolísticas. Esto conducirá a una explicación de la historia de la regulación gubernamental y su causa de casi toda la contaminación y el desperdicio de energía actuales.

Al final se agregarán algunas especulaciones para indicar cómo una poderosa contraeconomía (y un Estado débil) manejaría la contaminación y la conservación. Esto se relacionará con el capítulo de Contraeconomía de la Justicia.

Capítulo diez: Contraeconomía humana

Este capítulo debería eliminar cualquier duda persistente acerca de que la Contraeconomía es fría y despiadada. Las secciones cubrirán extranjeros ilegales, especialmente en la frontera con México, pero también asiáticos, canadienses, australianos y europeos; el trabajo como bien contraeconómico; los esclavos del ferrocarril subterráneo se movían de manera contraria a la economía; todavía se utilizan variantes del mismo; los refugiados cubren la Contraeconomía para liberar a las personas de una tiranía mayor, pero ¿deberían siquiera molestarse en abandonar su Contraeconomía existente? ¿Qué es un país libre (aquí se coló un poco más de teoría)? Aquí se tratan primero los grupos minoritarios, cómo sobreviven en sociedades hostiles y las subsociedades que forman, por lo general abrumadoramente contraeconómicas; aquí se introducirá una pista de posibles comunidades para los contraeconomistas acérrimos, pero se desarrollará hacia el final del libro.

LOS CAPÍTULOS NO ESCRITOS

CAPÍTULO ONCE: LOS DISIDENTES Y LA CONTRAECONOMÍA INTELECTUAL

Este capítulo debería captar la atención de los académicos y de los críticos más intelectuales. Se ejemplificarán la actividad política, religiosa y académica clandestina y la comercialización de esa disidencia en América del Norte, América del Sur, Europa, el Tercer Mundo y, por supuesto, Europa del Este. Periódicos clandestinos y publicaciones clandestinas. Se podrá desarrollar una sección separada sobre alternativas educativas, se detallará la diferencia entre escuelas públicas, escuelas privadas y escuelas independientes y luego escuelas clandestinas. Aquí se puede exponer con seguridad un poco más de teoría.

CAPÍTULO DOCE: CONTRAECONOMÍA SEXUAL

«Todo el mundo lo hace» será el tema aquí, con estadísticas sobre la violación de las leyes sexuales; se darán listas de esas leyes en varios estados y países, y también se danalizarán diversas posiciones: casi todo es ilegal y a casi nadie le importa.

Pornografía
Las definiciones varían y se tomará nota de ellas. Se detallarán los métodos comerciales para abordar los códigos locales. Los anuncios clasificados en los periódicos sexuales de venta

callejera del sur de California serán citados y exhibidos como modelo para otros tipos de transacciones comerciales contraeconómicas y necesidades publicitarias.

Prostitución

La «profesión más antigua del mundo» es contraeconómica: mujeres, hombres, adolescentes, todos, y las autoridades admiten que es imparable en todas partes. Se contarán anécdotas divertidas sobre políticos que fantasean con la esclavitud y la dominación para darle sabor y dejar claro un punto. Se preguntará y responderá dónde se traza la línea divisoria entre convivencia y prostitución. Se discutirá la moralidad y la ética del negocio, pero esto conducirá a los siguientes capítulos: la autoconciencia psicológica y la libertad de expresión conducen directamente a los dos capítulos siguientes.

CAPÍTULO TRECE: CONTRAECONOMÍA FEMINISTA

Comenzaremos con una revisión de las leyes sexuales de los capítulos anteriores, pero con una perspectiva sobre la discriminación sexual y cómo la actividad contraeconómica elude al Estado.

Inicio Nacimiento Contraeconomía

Se trata con cierto detalle el movimiento de parto en casa, en gran medida ilegal en la década de 1980: la partera como contraeconomista. La historia del contrabando y contrabando de información sobre anticonceptivos encaja aquí.

Igualdad de oportunidades contraeconómicas

Esto puede considerarse general para todos los grupos minoritarios, pero las mujeres son las más numerosas y, por lo tanto, nos centraremos en: cómo la Contraeconomía es ciega al sexo, al color y a los credos; el segmento desarrolla aún más el tema de las subsociedades integradas en la sociedad en general. El aspecto que se desarrollará es cómo las minorías utilizan la Contraeconomía para escapar de guetos, barrios y empleos de baja categoría en América del Norte y en el extranjero. Los gays serán tratados aquí y en el capítulo doce. Se mostrará la inutilidad de la ERA[1] y de leyes similares y se dará la oportunidad de una pequeña explicación teórica.

Capítulo Catorce: Contraeconomía de la Justicia

Este capítulo, en cierto sentido, se relacionará con casi todos los demás capítulos porque responderá a la pregunta candente en la mente de los lectores: ¿cómo pueden mantenerse la justicia y los contratos sin gobierno? De hecho, ¿con el gobierno como enemigo activo tanto del contrato como de la justicia?

Fracaso de la justicia gubernamental

Por qué el gobierno no puede ofrecer protección o justicia inicia esta sección. Se citarán muchos ejemplos, la mayoría de ellos en los Estados Unidos de hoy en día. El «clima de miedo» y el perenne «problema de la delincuencia» de la «ley y el orden» como balón de fútbol político explotarán.

---

[1] Equal Rights Amendment o Enmienda de Igualdad de Derechos. Para aclaraciones sobre el contenido de la propuesta, recomendamos visitar <https:// www.congress.gov/116/meeting/house/109330/documents/HHRG-116-JU10-20190430-SD013.pdf> [N. del T.].

Negocio de protección
Por qué atrapar a los criminales es demasiado tarde para el bien de la mayoría de la gente, aunque la Contraeconomía incluso proporcionará ese servicio. Se tratará con gran detalle desde la tecnología de protección y defensa hasta los últimos dispositivos y su popularidad en el mercado, e incluso los que aún no se han introducido, hasta las posibilidades de la ciencia ficción.

La ley natural y su aplicación
Se introduce el concepto de Ley Natural. Se explicará el orden espontáneo del mercado, ilustrado en gran medida tanto en transacciones «directas» como en transacciones contraeconómicas. Se desarrollará el estigma del «finking» como concepto más general y su validez. Finalmente, se le brindarán al lector procedimientos de aplicación de la ley antieconómica y de aprehensión criminal. El «chantaje de protección» está explícitamente excluido, pero la «usura de préstamos» se abordará como algo más complejo y merecedor de cierta simpatía.

Arbitraje y contraeconomía
El arbitraje ya es importante en el terreno y se citarán casos como el de resolución de disputas contractuales entre Johnny Carson y NBC, así como estadísticas de la Asociación Estadounidense de Arbitraje. Se delineará el comienzo de una Asociación de Arbitraje Libertaria, y vinculándola con «listas negras» y «listas blancas» se desarrollará un concepto funcional de Justicia Contraeconómica.

Capítulo Quince: Psicología Contraeconómica

El tema de este capítulo es el refuerzo de la «buena salud» psicológica, es decir, la autosuficiencia y la asunción de responsabilidad, con acciones objetivas, que resultan contraeconómicas.

Autoritarismo

Se presentarán investigaciones sobre este tema, especialmente las compiladas por la Dra. Sharon Presley, que muestran los vínculos entre el condicionamiento de la obediencia y el estatismo.

Movimiento potencial humano

Todos los diversos aspectos de la Nueva Psicología se mostrarán compatibles con la actividad contraeconómica, e incluso congruentes con ella. No sólo se citará a Presley, Thomas Szasz y Nathaniel Branden, sino incluso a psicólogos no identificados con el libertarismo.

Cómo funciona

Se resumirán aquí casos concretos, por supuesto anónimos, para ilustrar la psicología contraeconómica.

Refuerzo mutuo

Yendo más allá de la autosuficiencia y la autoaceptación individuales, finalmente se desarrollará (después de aparecer brevemente a lo largo del libro) el concepto de individuos que trabajan juntos de manera antieconómica, desarrollando confianza y una interdependencia honesta. Más allá de las relaciones y los grupos de afinidad, llegamos lógicamente a la idea de una subsociedad activa y/o un Movimiento de Contraeconomistas, y eso nos lleva a la Parte II.

LA SEGUNDA PARTE

Capítulo Dieciséis:
Comprender la contraeconomía

«¿Por qué soy tan inteligente?». El tema inicia este capítulo. «¿Cómo es que el autor entiende todo esto cuando el resto de la sociedad se ha dado cuenta sólo en parte, en el mejor de los casos?». Provocará que el lector finalmente se sumerja en la teoría. Respuestas: (1) Existe una teoría probada y bien elaborada que ha hecho maravillas al predecir la acción humana y describirla de manera científica (este capítulo) y (2) existe un fuerte interés creado, el más fuerte de toda la historia, confundiendo el problema y distorsionando su información para salvar sus privilegios (siguiente capítulo). Se hará hincapié en el valor de comprender la economía para inmunizarse contra los «juegos de estafa» para atraer al lector.

Praxeología: el estudio de la acción humana
Presentación bastante simple (no académica) pero aún rigurosa de conceptos básicos de la economía austriaca como valor subjetivo, utilidad marginal, preferencia temporal (tipo de interés original), regresión (origen del dinero), la pirámide de capital de Eugen Böhm-Bawerk y los ciclos económico de Ludwig von Mises. Se utilizarán ejemplos cotidianos para la identificación del lector y ejemplos contraeconómicos para mantener el interés del lector.

Por qué funciona la contraeconomía
Comenzando con la distinción entre beneficio y «tasa de rendimiento», se reintroduce el espíritu empresarial y luego se aplica a todos los aspectos de la vida diaria. (Esto se relaciona con el capítulo anterior: la autosuficiencia, pero ahora se enfatiza

la aceptación del riesgo). Ahora se explica detalladamente la clave para comprender y practicar la Contraeconomía: intercambiar riesgo por ganancias. Toda la experiencia del libro está vinculada a respaldar esto.

Cómo funciona la contraeconomía
Se proporcionará una fórmula, álgebra simple, que se puede utilizar para los cálculos comerciales diarios, utilizando datos fácilmente disponibles, para calcular el riesgo asumido y ver si es aceptable: ¡el riesgo máximo estimado, además! Este capítulo se cierra con algunas advertencias sobre embarcarse en un estilo de vida contraeconómico y advertencias de que el autor está «abogando por violar la ley».

CAPÍTULO DIECISIETE:
OPONERSE A LA CONTRAECONOMÍA

La segunda respuesta a por qué la Contraeconomía aún no se ha convertido en Economía se da finalmente aquí. Se especificará la naturaleza de la oposición.

El origen y la naturaleza del Estado
Aquí se esbozarán la historia y la sociología del Estado, llevando rápidamente al lector a la actualidad con una mayor conciencia.

Economía del establishment
Se explica a las clases dominantes (el rey y los intelectuales de su corte) para mostrar por qué la ciencia económica se ve constantemente inclinada hacia el fraude y los juegos de azar por la «necesidad» política. Los mitos populares de la época se enumerarán con breves descripciones.

Callejones sin salida

El conservadurismo, el liberalismo, el socialismo, el anarquismo, las variedades de libertarismo, el pacifismo, el «abandono» y el retraimiento serán todos sacados a relucir, definidos, esbozados y refutados como medios para lograr una sociedad libre (una vez más, basándose en gran medida en la experiencia del lector sobre la sociedad). Resto del libro para que sea breve y conciso, o rápido y mortal. Una vez que se eliminen todas las demás opciones, quedará el capítulo final:

CAPÍTULO DIECIOCHO: CONTRAECONOMÍA SOCIAL

Se presenta el prometido capítulo final que detalla la plena integración de la teoría libertaria y la práctica contraeconómica. Esta sección eventualmente se ampliará a un volumen completo con un estilo académico más pesado y se prometerá a los lectores una continuación del libro (una especie de *Contraeconomía II* para los amantes de las secuelas). El libro terminará con una exhortación velada (para cubrir responsabilidades) a vivir sus teorías y realizar sus sueños. Podríamos cerrar con una descripción de los diez años del autor en la Contraeconomía para mostrar que practicó todo lo que predicaba (o dejarlo para una biografía en el panel posterior).

BIBLIOGRAFÍA E ÍNDICE

Lectura recomendada para mayor interés en los distintos temas. Probablemente un índice sea una buena idea, pero duplicaría el tiempo necesario para terminar el libro. En su lugar, la tabla de contenidos podría enumerar subtemas.

NOTA A LOS EDITORES:

El hecho es que este tema abarca casi todos los campos y, por lo tanto, será solicitado como referencia en Historia, Sociología, Economía, Feminismo, Estudios Orientales, Estudios Rusos, Psicología y Ciencias Políticas, y es hasta la fecha el único trabajo de este tipo disponible. No es accidental sino inherente a la naturaleza del sujeto. Por lo tanto, tiene la rara cualidad de ser a la vez popular y académico en su atractivo... y con un poco de suerte, también lo será la secuela. − 3 coronas suecas.

CONTRAECONOMÍA: DESDE LOS CALLEJONES HASTA LAS ESTRELLAS

Haz las siguientes conexiones: un traficante de drogas con una fórmula de inmortalidad distribuida en paquetes de seis; un traficante de armas hacia futuros hogares a salvo de ladrones, pandillas callejeras y recaudadores de impuestos; un contrabandista para la colonización espacial; un pluriempleado de la abolición de la burocracia; un comerciante negro para el heroísmo revolucionario.

Aquí hay una conexión, una progresión lógica, y proviene de la ciencia olvidada de la economía. Es el campo más nuevo (¡y también más antiguo!) de la economía, y el más apasionante de esta ciencia supuestamente deprimente. Aunque se ha practicado desde que el hombre tuvo dinero y un gobierno que se lo quitó, no fue nombrado hasta 1974, lo que resultó en una proliferación de conciencias sociales cuya explosión aún no ha alcanzado su punto máximo.

Contraeconomía era un nombre natural para el estudio y la práctica de este proceso. Este autor utilizó el término en el Foro de la Libre Empresa celebrado en febrero de 1974 en Los Angeles; dos años más tarde, Hedrick Smith en *The Russians* lo acuñó de forma independiente para describir las condiciones en el otro lado del mundo. El término y la discusión de la idea se han extendido desde revistas políticas (*Reason, New Libertarian*) hasta boletines de negocios (*International Shortage Reporter, Inflation Survival Letter*), publicaciones futuristas (*Claustrophobia*) y fanzines de ciencia ficción.

Sin embargo, el área de pensamiento con la que más se superpone la Contraeconomía es la Psicología. Describe los resultados económicos de una ética egocéntrica y de conciencia elevada; la eliminación de la culpa por la actividad autoliberadora es fundamental para «actualizar» la Contraeconomía.

Contraeconomía suena a contracultura; de hecho, el término se eligió teniendo eso en cuenta. Mientras que la Contracultura rechazó una «cultura» del *establishment* y sus valores en los años 1960, los contraeconomistas rechazan la economía del establishment por considerarla igual de corrupta. Gran parte de la contracultura era contraeconómica, pero gran parte no lo era. La contraeconomía no es contraeconomía; de hecho, la Contraeconomía como teoría se desarrolló a partir de lo que podría llamarse una revuelta ortodoxa contra una economía herética e impura del *establishment*.

Contraeconomía: lo que haces

Si haces lo que quieres, ¿es contraeconomía? Bueno, sí y no. Aquí es donde apelamos a la superposición psicológica. Si realizas una acción independientemente de la orden, estás actuando libremente. Si realizas una acción en contra de tu voluntad, estás controlado, regulado, bajo mando. Uno puede concebir a alguien que pague impuestos con alegría y voluntad, pero existe un mecanismo institucional de fuerza para obligarlo. No pagar el impuesto puede ser un acto gratuito, pero es contraeconómico. No existe ninguna compulsión que te obligue a respirar o no (todavía), por lo que es simplemente gratis.

Entonces, ¿es antieconómica cualquier acción cometida a pesar de la amenaza, a pesar de la compulsión en sentido contrario? No, queda el caso del acto contraeconómicode coerción en sí. Obligar a otra persona (violación de contrato, fraude, robo, asalto y agresión, asesinato) es contraeconómicoy no contraeconómico, sin importar cuál sea su deseo. Observemos, sin embargo, que esto es menos complicado, no más. El contraeconomista agrupa todos los actos no coercitivos (y los actos libres en general) en un lado como contraeconomía; los actos de coerción y sus consecuencias económicas (economía del *establishment*) se agrupan en el otro. Todo el mundo, incluso los reguladores y los ladrones, actúa en ocasiones de forma contraria a la economía. De hecho, todo el mundo debe actuar de forma antieconómica. ¿Por qué es este el caso? Es así porque el planeta está regulado por los gobiernos en todas partes hasta el punto en que la supervivencia es imposible sin infringir las leyes.

Ejemplos de contraeconomía

Alguna contraeconomía es extremadamente popular. La violación de las leyes sexuales (qué posición y con quién) no sólo es generalizada, sino casi universal. En los Estados Unidos existen leyes antimonopolio y decisiones legales que prohíben cobrar más que los competidores (es prueba de monopolio), menos que los competidores («la competencia despiadada» viola las leyes de «Comercio Justo» en la mayoría de los estados) y lo mismo que los competidores. (Ley Sherman, prueba de fijación de precios). Cobrar cualquier cosa te deja expuesto a ser procesado.

El límite de velocidad de «doble níquel» de la década de 1970 se respetaba en la recámara; la radio BC y los Fuzzbusters son ancestros de una tecnología de alto nivel que ha crecido para servir al acto contraeconómico de exceder el límite estatista. La realidad económica para los camioneros (que si hacen once recorridos por semana a cincuenta y cinco millas por hora, pueden hacer quince a setenta y cinco) proporciona un tremendo incentivo en dinero contante y sonante.

Ninguno de estos actos es coercitivo. Que los actos contraeconómicos sean o no desagradables o autodestructivos es irrelevante siempre que el intercambio en sí no sea coercitivo. Por tanto, el tráfico de drogas es contraeconómico; también lo es su consumo. La prostitución es contraeconómica; el proxenetismo (agencia de prostitutas) también lo es, pero no golpear a las prostitutas para controlarlas a ellas o a sus ganancias. El secuestro de cargamentos de drogas no es más contraeconómico que arrestar a los traficantes.

El tráfico de armas es contraeconómico; portarlas en violación de las leyes sobre armas es contraeconómico; usarlas para robo y asalto no lo es; arrestar a poseedores de armas ilegales (con la punta de su arma legal) no lo es.

La partería era en gran medida ilegal en la década de 1980, pero ciertamente no era coercitiva y tenía una gran demanda, especialmente entre las feministas modernas. El tráfico de anticonceptivos cuando está prohibido es contraeconómico. En muchos lugares del mundo, simplemente instruir a las mujeres en los principios y prácticas feministas es ilegal y, por tanto, contraeconómico.

Cuando el oro era ilegal en este país, su posesión y comercio eran contraeconómicos. Violar las regulaciones monetarias y los controles de especulación todavía lo es.

La evasión fiscal (y la rebelión fiscal abierta) siempre es contraeconómica. Ignorar los millones de regulaciones que rigen las empresas (desde supuestos requisitos de seguridad hasta la presentación de informes sobre transacciones y la evasión de aranceles y derechos de aduana) es contraeconómico.

Estas transacciones económicas más obvias no sólo no se limitan a las grandes empresas, sino que son mucho más comunes en las pequeñas empresas y cooperativas. Ninguna tienda familiar podría permitirse una batería de abogados, contadores y consultores corporativos para cumplir con todas las regulaciones comerciales en este país supuestamente de libre empresa, y mucho menos en los países socialistas y comunistas. ¿Qué cooperativa de estilo libre podría resistir una investigación gubernamental exhaustiva de sus prácticas comerciales y sus libros?

Mercado negro

Excluyendo los «contratos» de asesinato, los juegos de estafa, los fraudes de «protección», los robos, los atracos y los secuestros, lo que en la mayoría de los países se llama el mercado negro es en realidad la Contraeconomía. Desde las adopciones de bebés en el mercado negro hasta el cambio de moneda en el mercado negro, el contrabando de mercancías y de inmigrantes ilegales, los juegos de azar y las casas de apuestas sin licencia, hasta la venta de Biblias detrás del Telón de Acero (en los años 80) o en estados islámicos fundamentalistas en el siglo XXI. Son actos «negros», pero no violentos y contraeconómicos. La Unión Soviética se alimentaba principalmente de alimentos del mercado negro procedentes de parcelas privadas, no de granjas colectivas. De hecho, la economía real de países como la Unión Soviética, Birmania, Cuba, Venezuela y China era y es contraeconómica. La economía del *establishment* no puede alimentar, vestir o albergar a la población de manera eficiente o adecuada. El soborno está muy extendido no sólo en los países comunistas, sino que es una forma de vida en la mayoría de las naciones del Tercer Mundo, todas las cuales están altamente reguladas y controladas oficialmente.

Los pantalones vaqueros americanos eran un artículo de moda en el mercado negro de Europa del Este. Por supuesto, los puros cubanos genuinos fueron una excelente inversión en el mercado negro para su venta en Estados Unidos después de 1960. El deshielo en las relaciones entre Estados Unidos y Cuba puede provocar el colapso de los precios de los puros cubanos, pero no mientras las regulaciones de la FDA impongan requisitos onerosos: el contrabando de puros continuará para mantener la línea de suministro contraeconómica.

Los empleos son «negros» en gran parte del mundo, desde los trabajadores indocumentados en Estados Unidos hasta el pluriempleo y el trabajo diurno de los funcionarios públicos en Italia, Francia y gran parte de Europa occidental. Recientemente, la prensa italiana y francesa se ha llenado de artículos que cubren las enormes pérdidas fiscales de los empleados gubernamentales que trabajan hasta la una o las dos de la tarde en sus empleos oficiales y luego pasan el resto del día en empleos no declarados en el sector privado. El bloque del Este tenía una gran industria de servicios de reparadores de electrodomésticos que trabajaban enteramente por debajo del mostrador.

Conseguir mejores empleos en los países comunistas, aunque los empleos en sí sean legales, a menudo se logra de manera contraeconómica, ya que el mérito cuenta poco en una burocracia. El soborno, el chantaje y los «amigos en las altas esferas» son mucho más útiles para la autopromoción. Por supuesto, las burocracias occidentales están plagadas de «atracción»; lo que pasa es que el sector gubernamental de la economía es bastante más pequeño, por lo que el problema es menor.

Mercado gris

El mercado «negro» se interpreta deliberadamente como desagradable (por parte del gobierno que intenta erradicarlo) y se asocia con actos verdaderamente coercitivos como el robo y el asesinato para «ennegrecer» aún más el hecho y generar culpa, presión social y otras formas de autoaplicación.

Se puede hablar útilmente de un mercado «gris» donde las transacciones no están prohibidas, pero sí el método de realizarlas. Pagar en efectivo por un servicio y no registrarlo para evitar impuestos es un mercado gris. Los sobornos para evitar los controles de precios son el mercado gris. El intercambio y el trueque sin un informe oficial de la transacción es un mercado gris. Comprar productos de contrabando y venderlos sin receta junto con productos adquiridos legalmente es el mercado gris. Los periódicos de Nueva York han publicado numerosas denuncias sobre el uso de cigarrillos de estados con bajos impuestos (como las Carolinas) para reducir los altos impuestos de la ciudad de Nueva York.

Complicidad

Si todo el mundo respetara plenamente la ley, no habría contraeconomía. Si la mayoría de la gente fuera tan respetuosa de la ley como para denunciar cada infracción y no «mirar para otro lado», la contraeconomía no podría sobrevivir. A partir de los ejemplos anteriores, es obvio que existe una complicidad generalizada entre la gente de la sociedad –las «masas»– para tolerar, si no defender, el libre mercado clandestino de la Contraeconomía del Estado: gobierno, burocracia, planificadores, policías y políticos. Desde hacer cosas en el patio de la escuela prohibidas por las autoridades hasta cruzar la calle imprudentemente y realizar transacciones en las esquinas, la población tiene sus propias etiquetas que coinciden con las calumnias de «mercado negro», «antipatriótico» y «antisocial». ¿Quién no ha oído hablar de «finking»[2], «delatar» o ser un «soplón»? La guerra psicológica es tremenda, y por cada víctima de la Contraeconomía que es arrestada, hay un policía de esquina que hace la vista gorda o un político «pragmático» que se aprovecha.

El alcance de la Contraeconomía aún está por medirse y quizá nunca se pueda medir. Pero en Estados Unidos, las estimaciones de los economistas del *establishment* sobre el tamaño de la contraeconomía estadounidense son aterradoras... para el Estado. Las estimaciones de contribuyentes que no cumplen rara vez llegan al 10% de la población; incluir pequeños cinceladores e intérpretes creativos de las leyes tributarias eleva el porcentaje de ciudadanos sujetos a impuestos involucrados en la Contraeconomía más cerca del 100%. Algunos países sudamericanos recaudan menos del 10% de los impuestos evaluados y sus gobiernos simplemente se dan por vencidos, ¡viviendo de los ingresos de imprimir más dinero para tasas increíbles de inflación de cientos de por ciento por año!

Se hizo otra estimación de la cantidad de flujo de efectivo que pasa por transacciones no declaradas tratando de calcular cuánto efectivo no se contabilizó en ese momento. La estimación oscilaba entre una décima parte y un tercio de toda la moneda estadounidense disponible. En lugar de ser una sobreestimación de la Contraeconomía, no tuvo en cuenta la actividad bancaria mal etiquetada para ocultar transacciones ilegales ni el gran número de transacciones que no involucran dinero.

Según cualquier suposición razonable, la contraeconomía de economías con menos «libre empresa» que la de Estados

---

[2] En lenguaje informal, la práctica de delatar a otro a las autoridades [N. del T.].

Unidos representa una proporción mucho mayor de la economía total, y constituye fácilmente una clara mayoría de la actividad empresarial y personal que no está sancionada por el Estado. Nadie ha creado todavía un «Frente de Liberación Contraeconómica», pero un desafío tan masivo, mundial y persistente a la autoridad gubernamental suena sospechosamente a una revolución.

Lo más inquietante para los Estados del mundo es sin duda el hecho mismo de que la Contraeconomía no tiene expresión política.

Política *versus* contraeconomía

No existen partidos políticos contraeconómicos, aunque indudablemente todos los políticos están manchados por contribuciones de algún tipo de contraeconomistas practicantes. Hay partidos políticos que defienden la libre empresa total, desde el gran Partido del Progreso de Dinamarca hasta el pequeño Partido Libertario de Estados Unidos y Canadá. Pero si estos partidos llegaran a desmantelar el gobierno, no pondrían en el poder a los contraeconomistas practicantes, porque ya están en el «poder». No sólo no necesitan al Estado, sino que prosperan desafiándolo.

Pero el reciente ascenso del libertarismo ha tenido un efecto secundario mucho más amenazador para el *establishment* del Estado –todos los *establishment*– que la posibilidad de que un nuevo grupo de políticos tome el poder con mano más ligera y una burocracia más pequeña y eficiente. Los aspectos «anarquistas» del libertarismo radical, como las agencias de arbitraje de libre mercado («tribunales») competidoras, la protección «policial» e incluso los ejércitos, plantean el espectro de una Contraeconomía que simplemente desestima por completo al Estado mediante una total falta de control control: la sociedad, etc. la sociedad cuidándose a sí misma sin políticos, burócratas, recaudadores de impuestos o policías, jueces y generales monopolistas arrogantes.

La idea más peligrosa del libertarismo radical no es ninguna de estas alternativas voluntarias al aparato estatal. Lo más peligroso es la idea moral de que la desobediencia al Estado es buena. ¡Uno no debe sentirse culpable de violar la ley para hacer lo que desea, debe sentirse orgulloso!

El futuro contraeconómico

En caso de que la gente no esté leyendo los textos más áridos de los economistas libertarios, la literatura popular, como la ciencia ficción, está proliferando con sociedades y explicaciones libertarias. *La luna es una cruel amante*, de Robert Heinlein, un éxito de ventas, describe gráficamente una «anarquía racional» formada por la secesión de una colonia en la Luna de la Tierra. *La rebelión de Atlas*, de Ayn Rand, describe a los «hombres brillantes» que se declaran en huelga en una sociedad que colapsa debido a un gobierno así. *Los desposeídos* de Ursula LeGuin describe una sociedad anarquista más tradicional llena de problemas, pero que, no obstante, sobrevive en un planeta. Una nueva novela de Neil Schulman, *Alongside Night*, describe en realidad un mecanismo plausible para que la Contraeconomía desplace al Estado estadounidense en una crisis inflacionaria. Una carta que circuló recientemente entre escritores de ciencia ficción publicados pidiendo historias libertarias tenía más de veinte nombres, desde Poul Anderson hasta F. Paul Wilson.

Las conferencias sobre colonias espaciales del tipo O"Neill debaten cómo mantener al gobierno fuera de escena. Una nueva película educativa, *Libra*, retrata una colonia espacial libre. Incluso Lockheed pagó por un estudio que predecía colonias espaciales sin estado. Esos «puertos libres» serían magníficos para el contrabando; de hecho, los contrabandistas serían mejores modelos que los puertos regulados de la Tierra.

Uno de los principales exponentes de los programas de entrevistas televisivos sobre la extensión de la vida, Durk Pearson, dirigía una revista libertaria (*Conexión libertaria*) hasta hace poco (bajo el nombre de Skye D"Aureous) y despertó algunas conciencias sobre lo que harán los inmortalistas si el gobierno trata el uso y la experimentación con drogas y químicos que prolongan la vida como lo hace con el Laetrilo y los alucinógenos. En lugar de someterlos a pruebas interminables por parte de la Administración Federal de Drogas, sujetos a bloqueos legales y políticos por parte de intereses creados, los inmortalistas están considerando seguir el camino de los traficantes de drogas, fabricando y distribuyendo los resultados clandestinamente, de manera mucho más confiable que a través de canales oficiales.

El colapso de la protección policial gubernamental ha dado lugar a un enorme mercado clandestino de armas, por no mencionar un mercado superficial de dispositivos antirrobo y lecciones de artes marciales. El enfoque contraeconómico en evolución es una integración de dispositivos y conocimientos legales e ilegales para salvaguardar plenamente el hogar y la propiedad, desde armas hasta monitores de computadora domésticos, guardias y patrullas privadas y acuerdos de arbitraje privados que mantienen las disputas fuera de los tribunales gubernamentales con acuerdos rápidos y fiables. Para sustituir completamente al Estado sólo queda ofrecer un servicio de localización y devolución de bienes robados. ¿Qué sucede cuando los recaudadores de impuestos son tratados como matones callejeros y ladrones en comunidades de «clase media», como ya se trata a los agentes gubernamentales en los guetos étnicos, o como se trata a los «recaudadores» en el sur rural?

De hecho, ¿qué sucede cuando los «pluriempleados» de la burocracia europea se ven obligados a elegir entre empleos contraeconómicos aventureros y rentables con una creciente aprobación social y un puesto en la administración pública asfixiante y de bajos ingresos con un creciente descontento público?

La evidencia indica que existe una tensión extendida por toda la sociedad planetaria. Por un lado, está el cumplimiento de los sistemas económicos del Estado planificados y regulados externamente: socialismo, comunismo, capitalismo y varios otros «ismos». Por otro lado, está el desprecio de la autoridad en la planificación interna del libre mercado completamente incontrolado de la contraeconomía. Hoy en día, cuando casi todo el *establishment* educativo, las autoridades políticas y los medios de comunicación de todos los países instan al cumplimiento de las normas y edictos del Estado y culpan a los transgresores, alrededor de la mitad de la economía va en contra del *establishment*, motivada únicamente por el beneficio material o filosofías «maniáticas», religiones «de culto», análisis psicológicos «egoístas» y estilos de vida «desviados».

En cinco años, las psicologías «egoístas» pueden ser dominantes, si no ya, y guiarnos a perseguir nuestros propios valores. La filosofía «maniática» del libertarismo ha pasado de un puñado de seguidores en 1969 a cientos de miles en diez años. Los estilos de vida «fuera de lugar» –ya sea que estén basados en el autoestima y el libertarismo o simplemente adoptados por imitación– han barrido el sur de California y se están extendiendo hacia el este a un ritmo que alarma a los orientales tradicionales que temen la contaminación cultural.

La contraeconomía siempre ha estado con nosotros y puede que siempre lo esté. Una Contraeconomía plenamente entendida que surja en los años 1980 puede ser todavía el mayor shock futuro de todos.

EPÍLOGO DE LA EDICIÓN ELECTRÓNICA EN INGLÉS

Por Victor Koman, PhD

El autor de *Contraeconomía*, Samuel Edward Konkin III, murió el 23 de febrero de 2004 a la edad de 56 años. Me dejó su manuscrito original con la esperanza de que un tres veces ganador del Premio Prometheus y editor (KoPubCo Books) guiara el futuro. libro hasta su publicación, tal como lo hice con el Manifiesto neolibertario de Konkin (KoPubCo, 1983 y 2006) y el libro introductorio publicado póstumamente *An Agorist Primer* (KoPubCo, 2008). Este último manuscrito sólo requirió una ligera actualización, lo que permitió que se publicara con bastante rapidez (según los estándares libertarios) después de su muerte.

Contraeconomía, por otro lado, resultó ser un desafío mayor. El manuscrito, escrito alrededor de 1984-85, constaba sólo de los primeros seis capítulos de los veinte de su esquema (aunque se rumorea que existen cuatro capítulos más en algún lugar en formato digital, pero aún no se han encontrado). Además, una parte importante del manuscrito fueron citas extensas de fuentes de noticias y revistas contemporáneas. Debido a que estas referencias ahora están anticuadas (por ejemplo, la economía sumergida de la Unión Soviética le proporcionó voluminosas ilustraciones de economías estatistas que salieron completamente mal y Venezuela, el actual ejemplo de los horrores del socialismo, aún no había comenzado su colapso), terminar el libro requirió una reaplicación exhaustiva de la Contraeconomía a un mundo a un tercio de siglo del manuscrito original.

El mundo ha cambiado significativamente desde 1985 (con la salvedad *plus c''est la même chose*): el colapso de la Unión Soviética, debido en gran parte a la Contraeconomía; el ascenso del terrorismo islámico; el retorno a una economía del *establishment* basada en la guerra (o, al menos, acomodaticia a la guerra); la legalización dispersa (pero no la despenalización) de la marihuana; la privatización (por escasa que sea) de los viajes espaciales; la explosión tanto del poder de cifrado de las computadoras como del ingenio de los piratas informáticos; el auge de la moneda digital al estilo Bitcoin; la ubicuidad de los sistemas de vigilancia; el abandono de cualquier vestigio de apoyo explícito a la Libertad por parte de las élites de los partidos políticos estadounidenses, las juntas corporativas y los gobiernos de todo el mundo. Todos estos acontecimientos sólo han servido para aumentar, no disminuir, el tamaño y el alcance de la Contraeconomía.

Al releer los capítulos de esta edición, encontré ecos del pasado que reverberan en el presente: resulta que, aunque las referencias son anticuadas, los principios que sustentan la contraeconomía son consistentes y oportunos, y aquí vemos cómo se aplican a los acontecimientos actuales y cómo pueden resolver las controversias de hoy y guiar las decisiones del mañana en tu propia vida y en la sociedad en general.

Escanear el manuscrito fue un esfuerzo inmensamente frustrante (a mediados de la década de 1990, usando OmniPage con un escáner primitivo). La vieja máquina de escribir de espacio proporcional IBM Executive de Sam tenía una tecla «t» flotante que provocaba un error de ortografía en el OCR en casi todas las palabras que contenían dicha letra, así como un error de espaciado en casi todas las palabras con una «o». Pasé horas y horas (según pude) durante los años siguientes corrigiendo errores y haciendo que las notas finales de Sam fueran consistentes con los estándares de APA 6.

Debido a que la propuesta del libro ya había llegado a varias editoriales y había sido rechazada, Sam nunca consideró que valiera la pena esforzarse más en reescribirlo. Cuando Sam me entregó el manuscrito (probablemente hacia 1993), dudaba de su comercialización casi una década después de su redacción, pero le dije que tal vez podría hacer algo con él y me dio su permiso para ello.

Sabía, sin embargo, que no podría completar el libro yo solo en la década de 1990 sin algún respaldo académico. Durante los siguientes 20 años, conseguí cuatro títulos universitarios, desde un asociado en artes, pasando por un BSIS y un MBA, hasta un doctorado en TI en garantía y seguridad de la información. También publiqué los libros de SEK3 antes mencionados y volví a publicar algunos míos a través de KoPubCo. Todo eso mientras trabajaba a tiempo completo en mi trabajo de desarrollo de aplicaciones web, 1996-2014. Finalmente, me sentí preparado para completar la obra maestra de Sam con la erudición y la coherencia ideológica que merecía.

Sin embargo…

A instancias del también galardonado autor J. Neil Schulman, intenté encontrar alguna referencia de Sam al manuscrito de *Contraeconomía* en mis registros de correo electrónico de la década de 1990. Buscando un archivo de texto de 32 Mb (¡guardado cuando un megabyte era un megabyte!), encontré varios. Y en ellos descubrí algo que había olvidado durante décadas. En un correo electrónico, fechado el 28/11/1999, Sam escribió:

Aunque mi libro «no publicable», *Contraeconomía*, estaba sólo a medio escribir cuando dejé de intentar encontrar un editor en Nueva York a principios de los años 1980 (la mejor respuesta fue la de alguien que dijo: «Este es un ejemplo de la forma más inmoral que existe», escribiendo sobre el Movimiento Libertario…» ¡sí!), tenía alrededor de 10 capítulos que podría volver a escribir y subir a la web.

En una publicación en la Lista Libertaria de Izquierda, fechada el 26 de enero de 2000, Sam escribió:

> … Mencioné antes… que había escrito diez capítulos de un libro llamado *Contraeconomía* allá por principios de los años 1980; fue rechazado por una docena de editores del *establishment* neoyorquino, dos citando ideas «extremistas» como la razón y los otros siendo menos honestos. Cada capítulo describe un área particular de la CE y el efecto se va acumulando capítulo por capítulo hasta que el lector se da cuenta de que cubre toda la acción humana.
>
> Al parecer, Victor Koman escaneó y realizó el OCR de las páginas del manuscrito y en Navidad de este año me las regaló. Si sigo recibiendo ánimos… los pondré en línea….

El resultado de esto es que me había olvidado por completo de este intercambio con Sam. Todos estos años, había tenido la esperanza de completarlo con las habilidades de investigación y escritura de un académico porque quería proteger la integridad del trabajo, solo para (re)descubrir que Sam había estado listo para publicar el manuscrito tal como está, «hacia el milenio anterior».

Así que aquí está: La contraeconomía incompleto. No tengo idea de dónde pueden estar los cuatro capítulos perdidos, pero volveré a publicar el libro electrónico con ellos cuando estén disponibles. Los únicos cambios que hice al manuscrito fueron la corrección de algunos errores tipográficos, la reformulación de una o dos oraciones poco claras y el formato APA antes mencionado de las notas finales del capítulo. Poco después de la publicación de este libro electrónico, KoPubCo pondrá a disposición un PDF gratuito con las páginas reales del manuscrito, junto con material adicional, como escaneos de los artículos reales SEK3 a los que se hace referencia en este libro. Sin embargo, lo que tienes en tus manos ahora mismo es la destilación más pura de la Contraeconomía y el protoagorismo, presentada por el genio –Samuel Edward Konkin III– que fue más allá de Von Mises y más allá de Rothbard para brindarte el conocimiento, la estrategia y las tácticas para liberarte a ti mismo y a la sociedad también.–VK

Samuel E Konkin III

SOBRE EL AUTOR

Samuel Edward Konkin III fue un teórico del movimiento de vanguardia libertaria y un activista incondicional desde la división histórica entre libertarios y conservadores en la convención del YAF en St. Louis, en 1969. En las siguientes tres décadas y media, se desempeñó como editor y publicador de la publicación libertaria más longeva, que comenzó como *¡Laissez-Faire!* (1970), luego siguió como *New Libertarian Notes* (1971-75), *New Libertarian Weekly* (1975-77, el semanario libertario de mayor duración) y *New Libertarian* (1978-1990). Escribió el trabajo fundamental sobre el agorismo, *Manifiesto Neolibertario*, en 1980.

Ha acuñado los siguientes términos y conceptos, muchos de los cuales han aparecido en todas las publicaciones libertarias: contraeconomía, agorismo, minararquía, partidismo, antiprincipios, libertarismo de izquierda, anarcosionismo, «Browne-out», mercado rojo, Kochtopus, y más. Ha influido en las obras de autores como J. Neil Schulman (*Alongside Night*) y Victor Koman (*Kings of the High Frontier*), quienes tuvieron sus primeras ventas de ficción en las páginas de las revistas de Konkin.

El Sr. Konkin se desempeñó como director ejecutivo del Instituto Agorista, una organización que promulga los principios del agorismo y la contraeconomía. Era invitado de honor en convenciones de ciencia ficción y reuniones libertarias y un viajero internacional experimentado.

Contraeconomía pretendía ser su obra maestra, la destilación de todo su trabajo e investigación a lo largo de 15 años de activismo en el movimiento. Lamentablemente, de los 18 capítulos esbozados, sólo se escribieron diez. De ellos, sólo seis estaban disponibles en el momento de la publicación.

Konkin murió el 23 de febrero de 2004.

**Para más información,
véase nuestra página web
www.unioneditorial.es**